W0033900

HEYNE
BÜCHER

HEYNE KOCHBÜCHER

WOLFRAM SIEBECK

Nicht nur Kraut und Rüben

Ein Kochseminar deutscher Spezialitäten

WILHELM HEYNE VERLAG

MÜNCHEN

Copyright ©1985 by Wilhelm Heyne Verlag
GmbH & Co. KG, München
Printed in Germany 1990
Umschlaggestaltung: Atelier Ingrid Schütz, München
Umschlagfoto: Fotostudio Teubner, Füssen
Innenfotos: Richard Stradtmann, Hamburg
Druck und Bindung: R.M.O. Druck München

ISBN: 3-453-04388-X

Inhaltsverzeichnis

Vorwort

Als vor ungefähr fünfzehn Jahren be-
gann, was zunächst vereinfachend die Edelfreßwelle
genannt wurde, sich dann aber zu einer durchaus diffe-
renzierenden Beschäftigung mit dem kulinarischen
Aspekt des Essens entwickelte, spielte der Begriff
›Deutsche Küche‹ keine Rolle. Italiens Nudelgerichte
und exotische Grillspieße markierten die Höhepunkte
der neudeutschen Wunschküche. Dann erschien die
Nouvelle Cuisine auf dem Plan und wies den Fein-
schmeckern die Richtung. Deutsche Küche, das war
(und ist) ein auf Sauerkraut und Eisbein reduzierter
Witz bei unseren zivilisierten Nachbarn. Auch die Bundesbürger hatten begriffen, daß die Mehlschwitzen-
Vergangenheit der vorausgegangenen Generationen
kein Ruhmesblatt in der deutschen Geschichte war.
Das hat sich geändert. Seit einigen Jahren ist zu beob-
achten, wie sich schwäbische Maultaschen zwischen
Stopflebern und Trüffelgerichte drängen; der Kalbs-
kopf wurde neben einem *loup de mer* gesichtet und der
Wirsing in den Gemüseadel aufgenommen. Im Par-
lando der französischen Küchensprache werden immer
öfter deutsche Dialekte hörbar.
Die Ursache für diesen Kulinarpatriotismus liegt im
Zeitgefühl. Auch in den Künsten erfreut sich das Regionale einer ungewöhnlichen Beliebtheit. In dem Maße,
wie Landschaft zerstört und Dörfer ›saniert‹ werden,
gewinnt der Begriff ›Heimat‹ an Bedeutung, auch wenn
darunter oft nur die Chance verstanden wird, es mit

dem Hochdeutschen nicht so genau nehmen zu müssen.
In diesem Sinne ist die Renaissance der Deutschen
Küche eine Mode, wie die Nouvelle Cuisine eine Mode
war. Und gleichzeitig ein Politikum: war diese kompliziert, anspruchsvoll, intellektuell – also unbequem –, so
ist jene schlicht und provinziell. Zeitkritiker werden
daraus folgern, die neue Liebe fürs Regionale sei ein
antizivilisatorischer Aspekt, ein Rückschritt. Ich wage
dem nicht mit Entschiedenheit zu widersprechen.
Nun war die Nouvelle Cuisine allerdings die einzige
Küchenmode, der man eine überregionale Bedeutung
attestieren konnte. Ansonsten sind alle Küchen, ob gute
oder schlechte, immer Regionalküchen. Auch das, was
wir respektvoll die Französische Küche nennen, ist in
Wirklichkeit ein Chor von vielfältigen Dialekten.
Ebensowenig gibt es eine typische Deutsche Küche.
Was unter dieser Bezeichnung praktiziert wurde und
wird, sind die vereinigten Küchen Westfalens, Ostpreu-
ßens, Bayerns, Schlesiens und der anderen Provinzen.
Das Gemeinsame, das dann doch typisch deutsch ist, ist
ihre Anspruchslosigkeit. Die Basis der Deutschen Küche war nie das Kulinarische, sondern Sparsamkeit;
Margarine statt Butter, Wasser statt Wein; die allgegen-
wärtige Einbrenne und dicke Bohnen, denen nicht einmal sprachlich dünne Bohnen gegenüberstehen. Wenn
derartige Merkmale bei der gegenwärtigen Renaissance
der Deutschen Küche eine neue Bedeutung gewännen,
dann wäre die patriotisch-kulinarische Wende
ein Desaster.
Deshalb ist die Bezeichnung »Neue« Deutsche Küche,
die in letzter Zeit oft gebraucht wird, nicht nur wichtig
fürs Marketing, sondern muß zur Maxime für diese

Küche werden. Nicht Restauration, sondern Reformen, heißt das Gebot, wenn sie neben dem patriotischen Logo auch ein kulinarisches Gütesiegel besitzen soll. Nicht durch Sparsamkeit wird sie neue Anhänger gewinnen (und ihre alten Opfer versöhnen), sondern durch konsequentes Streben nach Qualität. An Stelle der alten Deftigkeit ist eine neue Delikatesse gefordert. Wäre es umgekehrt, würde die vage Erinnerung an großmütterliche Eintöpfe zum Leitmotiv der Neuen Deutschen Küche, dann wäre sie nicht mehr als eine Nostalgie-Reise in ein unterentwickeltes Land.

Liest man deutsche Kochbücher dieses Jahrhunderts, erscheinen hoffnungsvolle Erwartungen tollkühn. Im vorigen Jahrhundert, ja, da gab es noch Rezepte, in denen mit beruhigender Selbstverständlichkeit kräftige Kalbsbrühen dort verwendet wurden, wo 50 Jahre später nur noch Wasser angeschüttet wurde. Es existierten noch die Kuchen mit 12 Eiern; die Hechtklößchen ohne Mehl und die Krebssuppen, in denen die Krebse kiloweise kochten. Doch dann sorgte die Allianz der Puritaner und Säbelraßler dafür, daß auch die Eßkultur in Scherben fiel.

Ich habe unter dem Schutt der trostlosen Kochanweisungen nach brauchbaren Rezepten gesucht. Die Ausbeute war deprimierend gering. Deprimierend ist vor allem die wohl nicht falsche Vorstellung, daß diese Notstandsküche auch heute noch allgemein als ausreichend empfunden wird, es könnte sonst der ähnlich strukturierte Konfektionsfraß nicht so populär sein.

Auf den folgenden Seiten werde ich Rezepte der Deutschen Küche vorstellen, die eigentlich jeder kennt. Es handelt sich um klassische Gerichte unserer Küche.

Allerdings ist kaum ein Rezept so geblieben, wie unsere Großeltern es kochten. Ich habe versucht, sie so zu modernisieren, daß die Braten und Eintöpfe nicht mehr identisch sind mit der Plumpsküche von gestern. Ich habe mich bemüht, sie unseren Geschmacks- und Qualitätserwartungen anzupassen. Ich habe jedoch nicht versucht, aus der Alltagsküche eine raffinierte Hochküche zu machen. Das wäre ebenso sinnlos wie der Versuch, einem Ackergaul die Lipizzaner-Kür beizubringen.

Dennoch ist Deutsche Küche nicht nur Kraut und Rüben.

Da werden
Suppenkasper
lüstern

Da werden
Suppenkasper
lüstern

Ein Huhn macht noch keine Suppe –
nach dieser Devise wurden deutsche Rezepte,
die jeder kennt modernisiert und
heutigen Qualitätsansprüchen angepaßt.
Das Geheimnis dieser Hühnersuppe
sind Morcheln, die mit feinen Gemüsen dem
Suppenhuhn
zu delikater Raffinesse verhelfen

Das Wort ›Suppe‹ ist als Gattungsbegriff so vieldeutig wie ›Auto‹. Dahinter kann sich ein Lastwagen verbergen oder ein Ferrari, eine verrostete Klapperkiste oder eine komfortable Limousine. Dementsprechend haben wir das Krankensüppchen, den sämigen Sattmacher, die konzentrierte Luxus-Bouillon, den Lebensretter. Als letzteren bezeichne ich jene Suppen, die einen nach durchzechter Nacht wieder auf die Beine bringen. Vor vielen Jahren habe ich einmal mehrere Wochen in Zagreb im Filmstudio gearbeitet, oder besser: mit jugoslawischen Kollegen die Nächte durchgefeiert. Der obligate Lebensretter am nächsten Vormittag war eine Hühnersuppe mit Reis. Ich bewahre ihr noch heute ein dankbares Andenken.

Als Mitternachtssuppe auf deutschen Partys wird meistens eine Erbsensuppe mit Knackwurst serviert, der Lastwagen unter den Suppen, und am Sonntag steht vor dem Hauptgang in vielen Haushalten eine Nudelsuppe auf dem Tisch, welche verhindern soll, daß die Familie sich mit Riesenhunger auf den dafür zu kleinen Braten stürzt. Schließlich gibt es jene schnittigen, abgemagerten Gemüsesuppen, die ich mir dann und wann gönne, wenn die Badezimmerwaage mich nervt. Suppen erfüllen also fast immer einen Zweck; aus reinem Lustgewinn werden sie selten gegessen. Das ist eigentlich ungerecht, denn es gibt Suppen, die als eigenständige Delikatesse zu Ruhm gekommen sind. Doch in der Deutschen Küche war die Suppe nie ein schmückendes Beiwerk, sondern mußte sättigen; es gab nichts anderes.

Der Suppenkasper hatte keine Überlebenschance.

So ist es kein Wunder, daß in der heutigen Wohlstandsküche die Suppe an Bedeutung verloren hat. Ich weiß nicht, ob ich das bedauern sollte. Die Suppe hat nämlich eine Schwäche, die hemmungslos ausgenutzt wird: sie läßt sich, in Pulverform abgepackt, in Supermärkten lagern und leistet damit der fatalen Bequemlichkeit der Konsumenten Vorschub, welche den größten Anteil am Verfall der Eßkultur trägt. Dabei ist es so einfach, die Suppe auf ein Niveau zu bringen, wo die Nützlichkeit keine Rolle mehr spielt, sie verlangt bloß eine Zutat, ohne die etwas Gutes nie entsteht: ein bißchen Mühe.

Das beste Fleisch für eine Bouillon ist zweifellos das Huhn. Es gibt der Suppe einen feineren Geschmack als andere Tiere. Eines der schönsten Hühnerrezepte ist das Huhn mit Morcheln – auch wenn es nicht auf deutschem Mist gekratzt hat. Diese delikate Zusammenstellung ist auch als Suppe außergewöhnlich lecker. Allerdings nicht als wuchtiger Suppentopf, wie er an Winterabenden das Herz des heimkehrenden Oberförsters erfreut.
Sondern leicht und delikat.
Die Arbeit für die Hühnersuppe mit Morcheln besteht aus zwei Teilen. Zunächst wird das Huhn gekocht und dabei die Brühe hergestellt. Danach werden die Gemüse und die Morcheln hergerichtet; der erste Teil kann am Vortag erledigt werden. Dazu benötige ich ein Huhn und ein *bouquet garni*. Letzteres ist das Grün- und Kräuterzeugs, das in eine Hühnerbrühe ebenso gehört wie in eine Rinderbouillon. Also
1 kleine Karotte, 1 daumendickes Stück Lauchstengel und etwas vom Grünen, 1 eigroßes Stück Sellerie, 1 Lorbeerblatt, 1 Zwiebel, 1 Zweig Thymian, 6 Gewürznelken, 1 Petersilienwurzel.

Da die Brühe hinterher durchgesiebt wird, ist es nicht nötig, das alles zusammenzubinden wie bei anderen Suppen. Einfach hinein ins kalte Wasser zum Huhn. Tja, das Huhn. Theoretisch wäre ein frisches und nicht zu altes Suppenhuhn am besten. Aber an manchen solcher Hennen habe ich mir schon die Zähne ausgebissen; sie ergeben zwar eine unübertreffliche Suppe, aber mit zunehmendem Alter werden sie praktisch ungenießbar. Damit kommt Spannung in dieses Rezept, sowie die Ungewißheit, wie lange ich das Huhn, für das ich mich entschließe, kochen muß. Grob gerechnet: 1 Stunde mindestens, auch wenn es eine frische Poularde ist. Ein Suppenhuhn aber braucht 2 oder sogar 3 Stunden, bis das Fleisch weich ist – *wenn* es weich wird.

Wäre meine Suppe ganz auf Hühnerfleisch ausgerichtet, also zuerst und vor allem ein *Fleisch*gericht, käme nichts anderes in Frage als eine frische Poularde, möglichst aus der Bresse. Aber spätestens beim Essen werden Sie feststellen, daß die Gemüse gleichberechtigt sind. Eine Gemüsesuppe mit Fleischeinlage könnte man dieses Rezept genau so gut nennen.

Das Huhn wird also mit dem Kräuterbündel in kaltem Wasser aufgesetzt und zum Kochen gebracht. Abschäumen; dann salzen, pfeffern und mit etwas Muskatblüte würzen. Sehr sanft köcheln lassen, bis das Huhn gar ist.

Herausnehmen und die Brühe durchsieben.

Das Huhn enthäuten, zerteilen und alle Fleischteile von den Knochen lösen. In kleine Stücke schneiden und in die Brühe legen. Beim Zerteilen des Vogels merken Sie, wie hart oder weich, faserig oder saftig das Fleisch ist – ändern können Sie an dem entweder erfreulichen oder beklagenswerten Zustand nichts; ihn zu beeinflussen, stand nie in Ihrer Macht. Damit gewinnen Sie bei dieser relativ einfachen Einübung in die deutsche Suppenküche bereits die wichtige Erkenntnis: Die Qualität der Produkte entscheidet über die Qualität des Essens. Deshalb machen anspruchsvolle Köche sich so viel Mühe mit der Beschaffung von Fisch und Fleisch; deshalb existieren Unternehmen wie der Rungis-Expreß; deshalb ist Kochen nicht einfach.

Schwierig ist die Arbeit allerdings nicht, die diese Hühnersuppe dem Koch abverlangt. Die durchgesiebte Brühe mit dem kleingeschnittenen Fleisch lasse ich über Nacht kühl stehen. Am nächsten Morgen ist das Fett an der Oberfläche hart geworden und läßt sich mühelos entfernen. Nun zum Gemüse. Es besteht aus

Kartoffeln, Lauch,
Karotten, Erbsen, frischen Champignons
und getrockneten Morcheln.

Wieviel von jeder Sorte, das läßt sich in Gramm nicht ausdrücken, ist auch nicht wichtig. 100 Gramm mehr oder weniger Kartoffeln (oder Karotten oder Lauch) haben auf das Gelingen der Suppe keinen Einfluß. Außerdem setze ich voraus, daß die Köchin oder der Koch abschätzen können, wieviel Kartoffeln usw. ein Esser verdrücken wird. Die Einlagen sind hier nicht als bunte Dekoration in einer dünnen Suppe gedacht, sondern sollen sie eher in einen suppigen Gemüsetopf verwandeln. Schließlich ist das Ganze ja ein Hauptgericht. Darüber hinaus richtet sich die Menge der Gemüse auch danach, ob ich vorher noch eine Vorspeise und hinterher ein Dessert serviere.

Die Gemüse werden in kleine Würfel von 1 cm Kantenlänge geschnitten. Also die Kartoffeln schälen und würfeln, das Weiße und Hellgrüne vom Lauch der Länge nach halbieren und in kleine Stücke schneiden, ebenfalls die Karotten und schließlich auch die Champignons; diese je nach Größe halbieren oder vierteln.

Mit den Erbsen habe ich Probleme. Frische Erbsen sind fast ausnahmslos dickschalig und mehlig. Die kleinen, süßen Erbsen existieren nur in Konserven und tiefgefroren. Für diesen Eintopf gehe ich deshalb vom Prinzip der unbedingten Frische ab und nehme tiefgefrorene; aber höchstens 1 EL pro Portion.

Die geputzten und zerkleinerten Gemüse werden entsprechend ihrer Garzeit nacheinander in die kochende Brühe gegeben. Zuerst die Karotten, kurz danach die Kartoffeln, ein wenig später der Lauch, die Erbsen und dann die Champignons. Vorher, das versteht sich von selbst, muß die Brühe noch einmal abgeschmeckt werden, das bedeutet fast immer: nachwürzen.

Nun fehlen noch die Morcheln. Getrocknete Morcheln gehören eindeutig zur feinen Küche. Sie sind nicht billig und können, je nach Qualität und Einkaufsort, sogar teuer sein. Ich rechne auf 2 Personen 15 Gramm, mehr nicht. Aber es müssen Spitzmorcheln sein, keine Lorcheln oder sonstige Abarten. Gute Morcheln haben eine mittlere Größe, das heißt, sie sind nicht winzig wie Bucheckern und nicht riesig wie Pflaumen. Und sie sollen intakt sein, wie aus dem Pilzbuch, und nicht zerfleddert, als wären sie auf einem Truppenübungsplatz gefunden worden. Eine Eigenschaft ist allen gemeinsam: sie sind entsetzlich sandig.

Zunächst werden sie eingeweicht. 3 Stunden sind dazu mindestens nötig, 6 Stunden schaden auch nicht. Nehmen Sie dazu ein weißes Porzellangefäß und nicht zu wenig Wasser. Die Pilze werden oben schwimmen. Nach 3 (oder 6) Stunden fischen Sie sie vorsichtig heraus. Dabei das Einweichwasser möglichst nicht durcheinanderwirbeln; denn auf dem Boden der Schüssel liegt deutlich sichtbar eine Menge Sand. Das Wasser aber – es ist braun geworden und hat einen großen Teil des Morchelaromas aufgenommen –

wird noch gebraucht.

Die herausgefischten Pilze werden gewaschen, und das kann gar nicht gründlich und oft genug getan werden! Es ist erstaunlich, wieviel Sand sich in den kleinen Schwämmchen festsetzen kann! Also immer wieder ausdrücken und wieder unter fließendem Wasser waschen. Dann nehmen Sie eine Kasserolle und gießen in diese vom Einweichwasser vorsichtig soviel hinein, daß Sie die Pilze darin kochen können. Das ist nämlich ein ganz wichtiger Trick bei der Verwendung von Morcheln (und nicht nur bei diesem Rezept). Würde ich sie einfach in die Hühnerbrühe werfen und dort gar kochen lassen – was immerhin noch einmal fast eine Stunde dauern kann –, dann hätten die Pilze keinen Geschmack mehr; den hätte die Brühe absorbiert, und nicht einmal mit erkennbarem Gewinn. Koche ich die Morcheln aber in ihrem eigenen Saft (dem Einweichwasser), verstärkt sich ihr Aroma sogar noch, statt sich zu verflüchtigen.

Nur so sind sie ihren hohen Preis wert.

Das Einweichwasser leicht salzen, pfeffern und 1 bis 2 EL Portwein mitkochen lassen. Es darf auch Vermouth sein, aber kein trockener, wie er normalerweise zum Kochen verwendet wird. Die Morcheln brauchen die alkoholische Süße sozusagen als Kontrastmittel, sie

bringt den Eigengeschmack erst richtig heraus. Also ohne Deckel 30–45 Minuten köcheln lassen, wobei der Saft einkocht, sich also verstärkt. Auch das läßt sich vorbereiten. Denn erst wenn die Suppe mit all ihren Bestandteilen fertig ist, also erst vor dem Servieren, werden die Morcheln zum Gemüse und zum Fleisch gegeben. Ohne ihren Saft! Denn der ist so kräftig, daß er die letzten Endes zarte Hühnerbrühe mit seinem Aroma beherrschen würde. So jedoch können sich die einzelnen Bestandteile der Suppe nebeneinander behaupten. Die anpassungsfähige Kartoffel sorgt für die Versöhnung der verschiedenen Geschmacksnuancen, und nicht zuletzt auch dafür, daß diese delikate Suppe sättigt.

Seid zärtlich zum Spinat

Seid
zärtlich zum
Spinat

*Wie Spinat nicht püriert
werden darf, um seinen Wohlgeschmack
zu entfalten, gibt es für alle Gemüse
eine Grundregel der Zubereitung.
Ob nun Gurken gedünstet, Erbsen gekocht,
Pilze gebraten werden:
unerläßlich sind Butter oder Sahne
und oft frischer Parmesan
als Geschmacksstütze*

Gemüsespezialitäten haben wir eigentlich nicht, jedenfalls keine, die es wert wäre, als deutsche Spezialität vorgezeigt zu werden, ausgenommen das Sauerkraut. Andererseits gehören die bei uns am häufigsten verwendeten Gemüsesorten zu den besten, die es gibt. Wirsing, Lauch, Spargel, Rosenkohl, Karotten, Spinat usw. sind entschieden im Geschmack, angenehm im Biß und haben mehr Charakter als die zwar dekorativen, aber sonst schwächlichen Broccoli, Auberginen, Zucchini u. ä. der südlichen Küche. Das liegt am Klima; mit den Weinen ist es sehr ähnlich. Wenn in der Deutschen Küche die Gemüse dennoch eher unscheinbar wirken, so liegt auch das an der traditionellen Anspruchslosigkeit der vereinigten Landsmannschaften.

Als Kinder mochten wir die meisten Gemüse nicht. Das mag an den damals so fettarmen Zeiten gelegen haben. Denn praktisch jedes Gemüse braucht eine großzügige Portion Butter oder Sahne, damit es den Geschmack der Armseligkeit verliert. Butter und Sahne bedeutet auch: kein Schmalz und keine Margarine, jene beiden Säulen der Notstandsküche. Nur in Ausnahmefälle ist Gänseschmalz ein passabler Ersatz. Olivenöl, jene bekömmliche Alternative, war unbekannt. Die meisten Gemüse wurden in Salzwasser gekocht und danach mit der berüchtigten Weißen Soße übergossen. Das war und ist tatsächlich zum Weinen.

Solche Einsichten sind zwar immer noch nötig, aber in sehr vielen Haushaltungen hat es sich inzwischen herumgesprochen, daß

a) gekochte Gemüse nach dem Abtropfen in Butter

glasiert oder in Butter oder Olivenöl geschwenkt und mit Kräutern abgeschmeckt.

b) gedünstete Gemüse mit Wein und/oder Sahne reduziert

c) pürierte Gemüse mit Butter und Sahne verbessert werden müssen.

Zum Pürieren empfehle ich nur Kartoffeln oder Sellerie, eventuell auch Rosenkohl (zum Hasenrücken); die Sahne kann auch crème fraîche sein.

Gedünstet werden Lauch, Zwiebeln, Stangensellerie, Chicoree, Wirsing, Kohlrabi, Gurken.

Gekocht werden Erbsen, Karotten, Bohnen, Blumenkohl, Sauerkraut, Rosenkohl, Spinat.

Es gibt auch Gemüse, die gebraten werden können oder müssen: Pilze, Chicoree, Tomaten und die gurkenähnlichen Gemüse südlicher Länder.

Als die Umweltverschmutzung noch keine Rolle spielte, gewann der Begriff Rohkost eine positive Bedeutung; seitdem werden viele Gemüse zu Salat verarbeitet. Vom Geschmack her ist das aber nur beim Spinat gerechtfertigt, dessen Blätter, mit Walnußöl und Sherryessig angemacht, tatsächlich sehr delikat sein können.

Spinat

Die verhängnisvolle Angewohnheit, Spinat zu pürieren, hat die Kindheit Millionen Deutscher belastet. Wenn diese gleichen Kinder dann als Erwachsene ihren

Kindern wieder pürierten Spinat vorsetzen, wird das gern mit dem Irrglauben begründet, Spinat sei außerordentlich gesund. In Wirklichkeit ist es die Bequemlichkeit, die die Mütter dazu bringt, den Spinat ungeachtet ihrer heulenden Gören zu pürieren: es ist ja so viel einfacher, als die Blätter sorgfältig und einzeln zu verlesen! Der Spinat meiner Kindheit enthielt auch noch gehackte Zwiebeln, die natürlich nie richtig gar wurden. Man möchte meinen, es hätte heute jeder Bundesbürger in den letzten Jahren probieren können, wie die Italiener den Spinat zubereiten, und wüßte somit, daß dieses Gemüse nicht ekelhaft sein muß, sondern delikat sein kann. Aber die mit Spinatpüree gefüllten Tiefkühltruhen in den Supermärkten zeugen nur von der Unverbesserlichkeit der Kinderquäler.

Spinatblätter können groß und kraus sein, oder dünn, glatt und klein. Die letztere Sorte ist ideal für einen Spinatsalat. Für eine Zubereitung, wie wir sie in der italienischen Küche kennengelernt haben, sind die größeren Blätter besser geeignet. Das bedeutet aber zusätzliche Mühe. Denn die Stiele der großen Spinatblätter sind zu dick; sie müssen abgezwackt und eventuell sogar aus den Blättern herausgeschnitten werden. Und da auch ein riesiger Berg von Spinat beim Kochen unglaublich zusammenfällt, gibt es viele Stiele abzuzwacken! Außerdem verkauft nicht jeder Händler nur absolute Spitzenqualität, es können also auch angewelkte Blätter dabei sein. Die suche ich natürlich heraus. Dann wird der Spinat gründlich gewaschen und in einen großen Topf mit wenig kochendem Wasser gestopft. Deckel drauf. Spinat kann in 3 Minuten gar sein, er kann auch 6 Minuten dazu brauchen. Da er nach dem

Kochen, das mehr ein Blanchieren ist, noch einmal stark erhitzt wird (entweder mit Sahne aufgekocht oder gratiniert), sollte er lieber zwei Minuten zu wenig als eine Minute zu lange im kochenden Wassertopf bleiben.
Abtropfen lassen und das Wasser
vorsichtig ausdrücken.
Die Weiterverarbeitung findet in einer großen, flachen Kasserolle oder in einer Pfanne statt und beginnt mit Butter oder Sahne. Zitronensaft ist fast immer unerläßlich, weil seine frische Säure die Bitterkeit des Spinats abschwächt. Muskat ergänzt sich gut. Eine sehr schöne Zutat sind Champignons: Die geputzten Pilze in dünne Scheiben schneiden, in Butter scharf anbraten, salzen, pfeffern, mit Zitronensaft würzen. Den sich bildenden Pilzsaft durch starke Hitze wegkochen. Dann mit Sahne
ablöschen, wieder etwas reduzieren und mit dem
Spinat vermischen.
Der Eigengeschmack der Gemüse ist zunächst nicht gerade delikat, Karotten einmal ausgenommen. Während Fische und sogar Fleisch unter gewissen Umständen ungewürzt gegessen werden können, braucht Gemüse vor allem Salz und Pfeffer. Das ist am deutlichsten bei grünen Bohnen, Tomaten, Wirsing und Spinat. Nun weiß jeder Koch, daß das Salzen von Gemüse nicht so einfach ist. Wer hätte nicht schon furchtbar versalzene Kartoffeln aufgetischt bekommen? Oder grüne Bohnen, die nur grün schmeckten und sonst keinerlei Aroma hatten? Auch Spinat schluckt viel Salz, scheinbar wirkungslos, hat aber die unangenehme Eigenschaft,
sich plötzlich vom faden in ein versalzenes
Gemüse zu verwandeln.
Nicht zuletzt aus diesem Grund ist das Überbacken mit

Käse praktisch. Da muß nicht so riskant gesalzen werden; den fehlenden Anteil am Geschmack bringt der
Käse: Frischen Parmesan mit etwas Gruyère und Sahne
vermischen, über den Champignon-Spinat gießen und
unter dem Grill kurz gratinieren lassen. Die in Italien
übliche Bechamel-Sauce wirkt an dieser Stelle ähnlich
verheerend wie unsere Einbrenne.
Die einfachste, aber sehr leckere Methode, Spinat zu
verfeinern, ist viel zu wenig bekannt: Butter mit einer
Prise Salz schäumen, nußbraun schmelzen und über den
gekochten, ausgedrückten und gewürzten
Spinat gießen.

Rosenkohl

Der Rosenkohl gilt als schwerverdauliches Wintergemüse. Das ist schade; denn er ist besser als sein Ruf.
Gewiß gehört er, wie der Wirsing, zu den Kohlsorten,
aber wie dieser ist er ein untypischer, ja delikater Au-

ßenseiter. Er verlangt nur eine etwas feinere Behandlung, revanchiert sich dann aber mit einem Wohlgeschmack, der mich immer wieder entzückt. Wieder fängt alles mit Butter und Sahne an, sowie Zitronensaft, der dem Kohl die provinzielle Muffigkeit austreibt. Zunächst aber gilt es, mit der traditionellen Sparsamkeit zu brechen. Das heißt: die äußeren dunkelgrünen Blätter müssen weg, und auch die kleinen Strünke müssen, so gut es geht, herausgeschnitten werden. Dann die Röschen wie üblich in Salzwasser, dem ich den Saft einer Zitrone beigebe, gar kochen. Gar bedeutet übrigens nicht durch und durch weich; ein wenig Biß muß der Rosenkohl noch haben, außerdem wird er ja weiterverarbeitet. Am einfachsten ist das, wenn ich ihn nach dem Kochen in heißer Butter schwenke. Dabei leicht pfeffern, eine Prise Muskat und wahrscheinlich noch einmal Zitronensaft. Serviere ich den Rosenkohl zu Wild, lasse ich in der Butter zunächst sehr fein gehackten Schinken anschwitzen, bevor ich die Röschen dazu gebe. Oder ich mache ein

Rosenkohlpüree

Das Pürieren von Gemüse ist normalerweise nicht mein Fall. Aber hier verwandelt es den Rosenkohl nicht, wie fast alle anderen Gemüse, in labbrige Babykost, sondern gibt ihm einen ungewöhnlichen Reiz. Denn er wird in Wahrheit nicht richtig püriert: die gekochten Röschen werden nicht im Mixer atomisiert, sondern mit dem Kochmesser kleingehackt. Zwar soll die Konsistenz sich ändern, nicht aber der typische Biß ver-

schwinden. Den gehackten Rosenkohl setze ich mit crème fraîche auf, würze mit Cayennepfeffer, Muskat, Salz und Zitrone. Es geht auch mit normaler Sahne; nur darf der Kohl nicht suppig oder soßig werden. Auch werde ich bei süßer Sahne etwas mehr Zitronensaft brauchen. Aber das ist ja kein Problem, wozu habe ich eine Zunge ...
Ausgehend vom gehackten, garen Rosenkohl empfiehlt sich ein

Rosenkohlsoufflé

Das ist nichts anderes als das obige Püree, das ich mit Zutaten im Ofen backe. Natürlich geht das nicht auf wie süße Soufflées, dazu ist die Masse zu schwer. Aber lecker ist es und macht, zum Beispiel in Gemeinschaft mit Röstkartoffeln, sogar das Fleisch überflüssig: 500 g Rosenkohl, gekocht und gehackt, mit 3 EL frisch geriebenem Parmesan und den Saft 1 Zitrone vermengen. 2 Eier und 1 Eigelb mit $\frac{1}{8}$ l Sahne verquirlen, mit Muskat, Salz und Pfeffer würzen. Über den Rosenkohl gießen. In eine feuerfeste Form füllen, die Oberfläche mit kleinen Butterflöckchen belegen. Im vorgeheizten Backofen 20 bis 30 Minuten backen lassen. Wenn das Soufflé an der Oberfläche braun zu werden beginnt: raus damit und essen! Zu rotem Fleisch wie zu allen Wildgerichten – ein richtiger Schmackofatz!
Die Verbindung Parmesan und Rosenkohl ist nicht ungewöhnlich (in der italienischen Küche):

Gratinierter Rosenkohl

Die gar gekochten Röschen halbieren. Sie werden wieder mit Muskat, Salz und Cayennepfeffer gewürzt und besonders großzügig mit Zitronensaft aromatisiert. In eine flache Gratinform legen, mit geriebenem Parmesan bestreuen und dicht mit Butterflöckchen belegen. Unter Oberhitze leicht gratinieren lassen. Darauf achten, daß der Parmesan nicht trocken, und damit bitter wird!

Fische
aus unseren
Flüssen

Fische
aus unseren
Flüssen

*Seit jeher werden Fische in
der deutschen Küche gekocht, gedünstet
oder gebraten; die Saucen sind simpel.
Und dagegen ist nichts zu sagen,
denn auch Anspruchsvolle werden
bestätigen, daß Waller mit Kapernbutter
oder Aal in Dill
Delikatessen sein können*

In alten Kochbüchern wird dem Fisch nicht viel Platz eingeräumt. Das mag daran gelegen haben, daß damals der Transport ziemlich, die Kühlmöglichkeiten völlig unzulänglich waren. Allerdings gab es überall Flüsse, in denen das Baden noch nicht gesundheitsschädlich war, und darin lebten gesunde und muntere Fische in großer Menge. Die mangelnde Beachtung in den Kochbüchern kann deshalb auch einen anderen Grund gehabt haben: Die damaligen Hausfrauen wußten möglicherweise, daß Fische, bis auf wenige Ausnahmen, alle auf die gleiche Art und Weise zubereitet werden. Wer also einen Zander kochen konnte, der wurde auch mit einem Hecht fertig, mit Forellen, Waller, Barschen, Lachsen usw.

Wenn es heute Kochbücher gibt, die sich auf 150 Seiten ausschließlich mit Fischrezepten beschäftigen, so darf man das getrost als Zeilenschinderei bezeichnen. Wichtige Unterschiede gibt es erst bei den Saucen und anderen Zutaten, wie Safran, Koriander und Morcheln; Rotweinsaucen, Chicoree mit Orangenschalen und ähnliche Akzente sind jedoch nicht – und waren nie – typisch für die Deutsche Küche. Fisch wurde gekocht, gedünstet oder gebraten. Alle auf die gleiche Art. Und dagegen ist nicht viel einzuwenden. Die häufigsten Saucen waren simpel: geschmolzene Butter, Nußbutter, Kapernbutter. Gerade die Flußfische, die ja nicht so robust sind wie Meeresfische, brauchen eigentlich auch nichts anderes. Die aufwendigen und raffinierten Saucen und Garnituren sind sinnvoll nur dort, wo immer aufwendig und raffiniert gekocht wird. Also in entsprechenden Restaurants oder in der kleinen Gemeinde der verwöhnten Feinschmecker. Und nicht einmal diese

werden bestreiten wollen, daß ein Zander mit Kapernbutter eine große Delikatesse ist. Oder der Waller.

Der Waller

Der Waller wird auch Wels genannt und besteht vor
allen Dingen aus Kopf: Ein Maul wie ein Wal und ein
Schwanz wie ein Hering. Seine anderen Eigenschaften
bestehen darin, daß er fett ist (das Fett sitzt wie beim Aal
unter der Haut), wenig Gräten hat und keine Schuppen.
Seine Haut ist glatt und fest. Am bekanntesten ist
›Waller im Wurzelsud‹, was nichts anderes ist als blau-
gekocht. Es handelt sich dabei um die einfachste, bei
Flußfischen aber wohl auch beste Art, den Fisch zu
garen. ›Blau‹ bezieht sich übrigens auf die Blaufärbung
der Haut, wenn diese mit heißem Wasser in Berührung
kommt. Sie färbt sich aber nur dann blau, wenn der
Fisch kurz vorher geschlachtet wurde und nicht gewa-
schen worden ist. Was sich nämlich blau färbt, ist der
Schleim, der ihn so glitschig macht und den manche
Hausfrauen gerne abwaschen. Letzten Endes ist das
Blaukochen eine Sache fürs Auge und möglicherweise
deshalb so beliebt, weil es ein Beweis für die früher nicht
so selbstverständliche Frische der Fische ist.
Das Blaukochen hat aber nur Sinn, wenn der Fisch im
Ganzen gekocht wird. Beim Waller ist das selten der
Fall, denn er hat nicht nur einen großen Kopf, er ist
überhaupt für die meisten Fischtöpfe zu groß. Also
wird er portionsweise verkauft, nämlich vom Händler
in Scheiben geschnitten. Und die lassen sich auch am
leichtesten verarbeiten. Eine Scheibe pro Portion ist fast

immer ausreichend; sie sollte allerdings dick sein, 3 bis 5 Zentimeter, je nach Größe. Es ist die einfachste Sache der Welt: Die Scheiben werden in den heißen Sud eingelegt und nach 12 bis 15 Minuten wieder herausgenommen – fertig sind sie.

Da sich der Sud, auch Court Bouillon genannt, beim Einlegen der Fischscheiben oder -stücke schlagartig abkühlt, darf er ruhig kochen, danach aber nicht mehr. Das zarte, eiweißhaltige Fleisch der Fische wird schon bei 70 Grad gar, also lasse ich die Stücke nur ziehen. In sprudelnd kochendem Wasser würden sie trocken und faserig werden und sogar zerreißen. Offenbar war dieser Zusammenhang früher nicht bekannt; denn noch um die Jahrhundertwende wurde im Rheintal in den Arbeitsverträgen des Personals festgesetzt, daß dieses nicht häufiger als dreimal in der Woche Lachs essen müsse!

Weil der Waller, anders als die Forelle, ein sehr festes Fleisch hat, nimmt er Aromen nur zögernd an. Deshalb muß der Sud deutlich stark gewürzt werden, also sehr salzig und sehr sauer sein. Das gilt auch für Lachse, während Forellen, nach der Meinung Alfred Walterspiels, der Deutschlands bekanntester Koch war, nur in Salzwasser ziehen dürften, damit ihr feiner und zarter Geschmack nicht übertönt werde. Doch das war damals, als Forellen tatsächlich noch einen feinen und zarten Geschmack hatten. Heute stammen sie, wie das meiste, das wir essen, aus einer Massenzucht und sind fade. Deshalb koche ich sie – und andere Kochfische – in folgender Court Bouillon:

3 Liter Wasser, ½ Liter Weinessig, 3 Karotten in Scheiben, 1 eigroßes Stück Sellerie, 2 große Zwiebeln in Scheiben, das Weiße von 1 Lauchstange, halbiert, 2 geviertelte Tomaten, 1 Lorbeerblatt, 1 EL weiße Pfefferkörner, Thymian, Salz.

Alles zusammen 30 Minuten kochen lassen.

Für den Waller verstärke ich das Aroma, das heißt mehr Essig und mehr Salz. Von den garen Wallerstücken läßt sich die Haut leicht ablösen. Im übrigen werden Ihre Gäste dankbar sein, wenn Sie das schon in der Küche machen. Niemand hat ja gern Abfall auf dem Teller.

Von den drei erwähnten Varianten der warmen Butter sind die beiden letzteren empfehlenswert. Die lediglich warmgeschmolzene Butter paßt besser zur Forelle, oder zum gekochten Schellfisch, Heilbutt und Kabeljau. Aber braune Butter – salzige Butter hellbraun schmelzen und dann mit einer Prise Zucker aufschäumen lassen – ist ideal, wie auch die Kapernbutter vorzüglich dazu schmeckt:

100 Gramm Butter hellbraun schmelzen, 2 EL abge-
tropfte Kapern hineingeben und ebenso viel kleinge-
schnittenes Zitronenfleisch, leicht salzen. Dazu Salzkartoffeln: Ein einfaches und doch delikates Essen!

Der Aal

Der Aal gilt als nicht so fein. Er ist fett, liegt schwer im
Magen, lebt im Trüben und frißt, wie jeder Blechtrom-
mel-Leser weiß, tote Pferde. Ich finde, einen derartig
schlechten Ruf hat er nicht verdient. Denn er hat einen
schönen Eigengeschmack, keine Gräten und ist beim
Kochen der unempfindlichste aller Fische. Allerdings
darf man ihn nicht so verarbeiten, wie das in deutschen
Küchen üblich ist; die Haut muß weg! Die Sitte, ihn mit
der Haut zu dünsten, hat zur Folge, daß das Fett
vollständig ins Essen gerät und ist überhaupt primitiv.
Allerdings ist das Enthäuten eines Aals nicht einfach.
Ich überlasse das dem Fischhändler, und wenn er es
nicht macht, dann kaufe ich einen anderen Fisch. Kleine, dünne Aale sind unpraktisch, da von ihnen nicht viel
übrig bleibt, wenn die Haut abgezogen ist.
Den gehäuteten Aal (ohne Kopf und ohne das dünne
Schwanzende) schneide ich in 4 cm lange Stücke, ganz
egal, ob ich ihn mit Salbei braten, mit Champignons
und Schalotten in Rotwein dünsten will, oder den in
Norddeutschland so beliebten Aal in Dill zubereite.
Daß die letztere Version nicht populär geworden ist,
kann nur an der nachlässigen Verarbeitung liegen (mit
Haut und in einer Mehlschwitze). Sorgfältig zubereitet
ist es ein sehr leckeres Essen:

Aal in Dill (für 4 Personen)

1000 g Aal, ½ l trockener Weißwein (Silvaner, Ries-
ling), ½ l sehr kräftige Kalbsbrühe, ¼ l Sahne, 1 große
Schalotte, 1 kleine Karotte, 4 Bund Dill, 1 Bund Kräu-
selpetersilie, 1 Bund Schnittlauch, 1 TL weiße
Pfefferkörner, 1 Lorbeerblatt.
Die Schalotte in feine Ringe schneiden, die Karotte
raspeln. Petersilie, Schnittlauch und 1 Bund Dill werden mit dem Kochmesser fein gehackt und mit dem
Lorbeer und Pfeffer in der Wein-Brühe in einer großen,
flachen Kasserolle ohne Deckel aufgekocht. 10 Minuten
ziehen lassen, die gesalzenen Aalstücke einlegen und 20
Minuten pochieren. In der Zwischenzeit zupfe ich den
Dill von den restlichen Sträußchen. Wenn der Aal weich
ist, nehme ich ihn aus der Brühe und stelle ihn warm.
Die Brühe durchsieben und auf starker Hitze einkochen
lassen. Dann gebe ich die Sahne und den gezupften Dill
hinzu und beginne das Abschmeck-Ritual. In diesem
Fall ist das nicht sonderlich schwierig, weil Fisch und
Kräuter sich zu einer eindrucksvollen Partnerschaft
ergänzen. Die Konsistenz der Sauce bestimme ich durch
weiteres Einkochen. Eventuell rühre ich noch 3 Eigelb
hinein oder/und schlage 1 EL kalte Butter in die fertige
Sauce. Ein paar Spritzer Zitronensaft, vielleicht noch
eine Prise Salz, und ich lege den Aal wieder in die Sauce
zurück; mein Essen ist fertig. Als Beilage Salzkartoffeln. Und da ich auf jeden Fall einen Weißwein dazu
trinken will, kommt der traditionelle Gurken- oder
grüne Salat bei mir nicht auf den Tisch. Ich halte
sowieso wenig von dieser merkwürdigen Angewohnheit, zu warmen Essen gleichzeitig einen kalten Salat zu

essen; das ist wie eine andere deutsche Sitte aus der gleichen, grauen Vorzeit: wie ein Herr, der einer Dame die Hand küßt und dabei gleichzeitig die Hacken zusammenknallt.

Zum Aal mit Dill ist ein Gemüse überhaupt unpassend. Das liegt am Dill, dieses penetrante Gewürz, das nur ganz selten außerhalb der Bierküche angebracht ist.

Wenn übrigens mit Bier gekocht wird, kann das entsprechende Rezept der Deutschen Küche entstammen, jedoch ebenso der flämischen oder böhmischen Küche. Hier ein Rezept für Aal in Bier, das ich wegen seiner Schnörkellosigkeit ganz sympathisch finde:

Die Aalstücke leicht salzen, pfeffern und mehlen. In viel heißer Butter anbraten, dann 1 EL sehr fein gehackte Schalotten dazu geben, kurz anschwitzen lassen und soviel Malzbier angießen, daß der Aal gerade bedeckt ist. 20 Minuten pochieren. Aal herausnehmen, die Sauce reduzieren und mit 3 Eigelb binden.

Mit gehackter Petersilie servieren.

Sehr ähnlich ist die bei uns bekanntere Version des gebratenen Aals in Salbei: Die gesalzenen Aalstücke in heißer Butter vorsichtig anbraten, pro Stück ein großes Blatt gewaschener Salbei dazugeben. Zitronensaft bereithalten und immer dann, wenn die Butter braun zu werden droht, einige Tropfen angießen. Vorsichtig pfeffern, häufig wenden. Die Bratbutter wird auf diese Weise zur Zitronenbutter, der Aal nimmt gleichzeitig ihre frische Säure wie auch die Bitterkeit des Salbeis auf. Nach ungefähr 15 Minuten wird der Fisch gar sein, und wenn Ihnen die Butter nicht verbrannt ist, haben Sie ein einfaches, aber leckeres Essen, das im Schwäbischen gern mit Reis gegessen wird. Das bringt eventuell Probleme mit der Zitronenbutter, die für mehrere Portionen trockenen Reis kaum ausreichen dürfte. Ich ziehe deshalb in Butter geschwenkte Pellkartoffeln vor. Dabei passen Aal und Reis sehr gut zusammen, jedoch auf eine Weise, die eher der chinesischen Küche verwandt ist als der deutschen: Vor dem Braten die Mittelgräte entfernen, die Stücke noch einmal halbieren, eventuell mit Sherry und Sojasauce marinieren, mit frischem Ingwer würzen und überhaupt alles tun, was die Phantasie erlaubt. Ein Aal läßt alles mit sich machen. Auch das ist eine Eigenschaft, die ihn von anderen Fischen unterscheidet.

Der Hecht
hat nicht nur
Gräten

Der Hecht
hat nicht nur
Gräten

Unter den Flußfischen ist der Hecht
mit seinem kräftigen Fleisch
der schmackhafteste.
Entsprechend gibt es für seine
Zubereitung mehr Rezepte als für jeden
seiner Artgenossen:
blau, gekocht, in Butter gebraten,
als Ragout, mit Senfsauce oder
gar mit Sauerkraut

Der für die bessere Deutsche Küche wichtigste Fisch muß einmal der Hecht gewesen sein. In alten Kochbüchern finden sich mehr Rezepte für diesen Raubfisch als für andere Fische, ausgenommen der wohlfeile Karpfen. Es müssen wunderbar saubere Flüsse gewesen, damals, als es noch keine Kanalisation gab. Die alten Rezepte finde ich nicht so wunderbar. Zu oft wurde der Hecht gespickt. Wollten unsere an Deftiges gewohnten Vorfahren auch beim Fisch nicht auf den geliebten Speck verzichten? Wahrscheinlicher ist, daß Hechte, wie alle Fische und auch zarte Fleischstücke, viel zu heiß und viel zu lange gekocht bzw. gebraten wurden. Dadurch wird ein Fisch automatisch trocken. Wir wissen das heute und richten uns danach. Fast alle Fische, ob sie im Meer oder in Flüssen gefangen werden, lassen sich durch moderne Kochmethoden in so raffinierte Speisen verwandeln, wie das mit dem edelsten Fleisch nicht möglich ist.

Unter den Flußfischen ist der Hecht der schmackhafteste. Das haben auch die Köche von früher erkannt, es gäbe sonst nicht so viele Variationen. Der Hecht wurde enthäutet und dann, möglichst kreuzweise, gespickt. Dann kam er in den (wahrscheinlich viel zu heißen) Ofen und briet dort eine knappe Stunde. Anschließend wurde er allerdings mit Saucen verbessert, die nicht von Pappe waren.

Zu einem blau-gekochten Hecht (Schwanz ins Maul geklemmt) wird folgende Eiersauce empfohlen, die ich nicht nur wegen ihrer Kuriosität hier zitiere. Gut abgeschmeckt und vielleicht ohne die treffliche Oxo-Bouillon, kann ich sie mir auch zu verschiedenen leichten Fleischgerichten denken:

» Man löst einen Löffel Mehl in einem Stück kochender
Butter auf, rührt unterdes 10 Eidotter mit knapp 1 l
kräftiger Bouillon an, welche von Liebigs Fleischextrakt
oder auch von der trefflichen Oxo-Bouillon gemacht
werden kann, gibt solche in das aufgelöste Mehl und läßt
alles unter beständigem starken Rühren zum Kochen
kommen; dann fügt man vorher gar gemachte Champi-
gnons, Krebsschwänze, Krebsbutter und etwas Zitro-
nensaft hinzu und richtet die Sauce
über dem Hechte an.«

Hecht-Ragout

Da Hechte meistens sehr groß sind, für Kleinfamilien
also *zu* groß, werden sie stückweise verkauft. So empfiehlt sich ein Hecht-Ragout. Dafür wird der Hecht
einfach in Scheiben geschnitten, mit Haut und Gräten.
Nun sind die Gräten eines Hechtes von besonderer
Tücke; sie sind sehr dünn und gehen am Ende V-förmig
auseinander. Für viele Esser ein Grund, auf Hecht zu
verzichten. Immerhin ist das folgende Ragout die einfachste Art, einen Hecht zu kochen,
oder richtiger: zu dünsten.
1 kg Hecht (ohne Kopf) reicht für 5 Personen. Der Fisch
wird in ca. 3 cm dicke Scheiben geschnitten. 70 g Butter
in einer Schmorpfanne heiß werden lassen. 1 Zwiebel in
Würfel schneiden und mit 2 bis 3 Lorbeerblättern in die
Butter legen. In alten Rezepten wird sodann mit saurer
Sahne gearbeitet. Die hat heute nicht mehr die ge-
wünschte Qualität, sie ist zu mager. Stattdessen nehme
ich 200 g süße Sahne und 100 g crème fraîche und gieße

beides in die Bratform. Wenn alles erhitzt ist, lege ich die gesalzenen Fischstücke in die Sahne und begieße damit auch die Oberfläche. Auf den mittleren Rost des heißen Ofens stellen (200 Grad). Nach 5 Minuten die Hechtstücke umdrehen, nach weiteren 5 Minuten noch einmal wenden. Die Fischoberfläche nötigenfalls mit Sahne belöffeln. Nach 15 Minuten (wenn es ein sehr großer Hecht war, dürfen es auch 20 sein) nehme ich die Stücke aus der Sahne und lege sie auf eine vertiefte Servierplatte. Warmstellen.

Die Sahne in der Bratform gieße ich durch ein Sieb in eine Kasserolle. Sie ist schön dick eingekocht, wahrscheinlich etwas zu dick. Deshalb gebe ich jetzt Bouillon dazu, ungefähr 1 kleine Tasse, sowie Zitronensaft. Dessen Menge entscheide ich durch Abschmecken, aber weniger als eine ganze Zitrone wird's kaum sein. Das Ganze einmal durchkochen, vielleicht nachsalzen, und über die Hechtstücke gießen – fertig.

Die hier praktizierte Verbindung Sahne und Bouillon zum Fisch ist nicht so ungewöhnlich, wie es sich liest. Die Bouillon erleichtert wuchtige Saucen, ohne sie dünn zu machen – eine kräftige, konzentrierte Bouillon vorausgesetzt –, und ist in diesem Fall sogar dem Wein vorzuziehen.

Wenn ich die Garzeit richtig eingeschätzt habe, dann ist das Hechtfleisch noch ziemlich fest; nach herkömmlichen Vorstellungen würden viele Esser sagen: Der ist ja gar nicht richtig gar! Das stimmt insofern, als das Fleisch nicht von den Gräten fällt und die Haut sich nicht wie von selbst ablöst. Dafür habe ich aber die Chance, daß auch die Gräten sich nicht bei der ersten Erschütterung selbständig machen; vor allem ist das

Fleisch so saftig, daß die Spickanweisungen von gestern völlig unverständlich erscheinen.

Begrüßenswert bei den älteren Hechtrezepten finde ich hingegen den Vorschlag, dazu Sauerkraut zu servieren. Eine köstliche Kombination, wie ich finde, auf die sich sowohl die sächsische wie auch die alemannische Küche berufen können. Kartoffeln sind dazu eigentlich nicht nötig, aber wenn, dann kein Püree, sondern ganz normale Salzkartoffeln.

Hechtfilets, gebraten

Die deutsche Vorliebe für Gebratenes hat ihre Gefahren. Denn weder geht es schnell, noch ist es einfach. Im Gegenteil ist das Braten wohl die riskanteste Kochtechnik, weil nämlich Nahrungsmittel auf heißes Fett sehr verschieden reagieren. Vor allem Fische mögen es gar nicht. Es sei denn, sie sind von vorne bis hinten gleich dick, wie Seezungenfilets, und haben ein besonders festes Fleisch, wie Seeteufel. Wie auch der Hecht. Da dieser aber nie gleichmäßig dick ist, muß er, wie fast alle Fische, die in die Pfanne sollen, filiert werden. Dazu bedarf es einiger Geschicklichkeit, und gerade beim Hecht mit seinen dünnen Gräten überlasse ich diese Arbeit gern dem Fischhändler, der die nötige Routine dafür besitzt. Er schneidet mir aus dem Hecht schöne lange und hoffentlich grätenfreie Filets ohne Haut. Der Rest ist ein Kinderspiel. Ich brauche nur viel Butter und wenig Mehl, sowie Zitrone.

Die Filets zerschneide ich in portionsgroße Stücke, so daß jeder Esser zwei davon bekommt (oder drei, wenn

es nichts anderes mehr gibt). Die Fischstücke lege ich auf ein Brett und salze sie. Durch ein Haarsieb pudere ich sie leicht mit Mehl. In einer oder zwei Pfannen lasse ich eine großzügige Menge Butter heiß werden. Damit darf nun wirklich nicht gespart werden; denn die Butter ist nicht nur zum Braten da, sie ist auch die Sauce. Deshalb darf sie auf keinen Fall verbrennen oder dunkelbraun werden! In diese heiße Butter lege ich die Fischstücke mit der bemehlten Seite nach unten. während sie leise in der Butter zischen, salze ich die Oberseite und mehle auch diese. Nach nur sehr kurzer Zeit – je nach Dicke der Filets, aber nie mehr als 2 Minuten – wende ich die Filets und greife zur Zitrone. Ein bißchen Zitronensaft über der Pfanne ausdrücken, und schon ist mein Essen fertig. Wichtig für das Gelingen ist eine große Pfanne, damit die Fischstücke nicht zu eng beieinander liegen. Das erleichtert das Wenden, und die Butter läßt sich besser kontrollieren. Ich serviere aus der heißen Pfanne direkt auf die Teller; auch die Butter wird nicht extra umgefüllt. Für solche Fälle, aber auch wegen ihrer besseren Brateigenschaften, benutze ich Kupferpfannen.

Zu Bratfischen wird als Beilage häufig Reis empfohlen. Ich finde Salzkartoffeln viel besser. Was kann Reis schon mit der hellbraunen Butter anfangen, welche andererseits die Kartoffeln so wunderbar verschönt?

Nach allgemeinem Verständnis gehört auf gebratene Fischfilets gehackte Petersilie. Ich gebe zu, das sieht wirklich appetitlich aus, und deshalb streue ich auch Petersilie über meine Filets. Viel entscheidender aber ist die Qualität der Butter (Süßrahmbutter!) und vor allem der Grad der Verbrennung, den die Hechtfilets in meiner Pfanne erleiden. Wenn sie an der Oberfläche braun geworden sind, haben sie zuviel Hitze abgekriegt: sie werden innen trocken sein. Auch hier gilt wie bei allen Fischgerichten: Lieber etwas zu roh als zu lange gebraten bzw. gekocht.
Auch zu gebratenen Hechtfilets schmeckt eine Kapernbutter wie beim Waller (siehe Seite 36) sehr gut.

Hecht blau mit weißer Buttersauce

Ein Hecht wird nicht anders gekocht als ein Waller (Seite 34). Wenn der Fischhändler nur sehr große Hechte hat und deshalb auch halbe verkauft, nehme ich das Schwanzstück; es hat weniger Gräten als das Vorderteil. Die weiße Buttersauce dazu ist klassisch und aus unseren Küchen fast verschwunden. So wird sie gemacht (für 2 Personen):
1 Schalotte in winzige Partikel schneiden, zusammen mit einer Prise Thymian in 1 EL Noilly Prat, 2 EL Weißwein und 2 EL Wasser langsam köcheln lassen, bis

die Flüssigkeit fast völlig verdunstet ist. 100 g eiskalte Butterstückchen mit dem Schneebesen unterschlagen. Die Butter verbindet sich mit der Schalottenreduktion zu einer weißen, cremigen Masse. Mit Salz und Cayennepfeffer würzen. Wenn es Ihnen nicht gelingt, die Schalotten in winzige Partikel zu schneiden, sollten Sie die Reduktion durchsieben, bevor Sie die Butter einmontieren.

Senfsauce

Senfsauce zum Fisch scheint eine deutsche Eigenart zu sein, und, wenn es wahr ist, ist sie eines der wenigen Dinge, deren wir uns rühmen können. Neuerdings finde ich Senfsauce auch in den Kochbüchern der jungen Spitzenköche. Sie machen es sich allerdings etwas zu schwer, wenn sie die Senfsauce wie eine *beurre blanc* aufbauen. Eine Senfsauce ist gewiß delikat, aber gleichzeitig auch robust, und ihre Herstellung muß keineswegs mit angehaltenem Atem bewerkstelligt werden. Ich habe jedenfalls eine problem- und mühelose Methode gefunden (für 4 Personen): 125 g Butter in eine Kasserolle geben, darauf einen gehäuften EL Löwensenf (oder Moutarde de Dijon) setzen, auf schwacher Hitze zum Schmelzen bringen und dabei mit dem Schneebesen mehr verrühren als schlagen, 3 EL Sahne angießen und mit Cayenne und Salz abschmecken. Zum Schellfisch darf es ruhig etwas mehr Senf sein, und wenn es so aussieht, als reiche die Sauce nicht aus, dann geben Sie einfach von allen Bestandteilen noch etwas dazu. Es kann nichts passieren, solange Sie auf mäßige Hitze achten und den Schneebesen nicht weglegen.

Bei dieser Sauce schäle ich immer ein ein paar Kartoffeln zusätzlich, denn sie schmeckt so gut, daß meine Gäste alle Vorsätze fallen lassen und zum dritten Mal nehmen ...
Die Senfsauce paßt selbstverständlich auch zu anderen Fischen als zu Hecht und Schellfisch. Manchmal, wenn der jeweilige Fisch einen besonders feinen Charakter hat, nehme ich etwas weniger Senf. Schließlich paßt die Senfsauce auch zu Fleisch: Kalbsnieren und sie sind wie füreinander geschaffen!

Wirsingeintopf
mit
Lamm

Wirsingeintopf
mit
Lamm

*Der beste Kohl heißt Wirsing
und Lamm ist das Lieblingsfleisch
der Feinschmecker.
Wird beides zusammen in einem Topf gegart,
verwandelt sich die Deftigkeit des
Eintopfs in eine unerwartete Delikatesse
und der Appetit der Esser
in Heißhunger*

Der Wirsing verhält sich zum Weißkohl
wie die Seezunge zur Scholle. Sie sind miteinander
verwandt, aber welch ein Unterschied im Geschmack!
Für mich ist Wirsing eines der leckersten Gemüse überhaupt. Delikat ist er auch; aber zuerst und vor allem:
lecker. Das heißt, sein Wohlgeschmack ist von jener
Sorte, die mich zum Vielfraß macht. Bei folgendem
Rezept (wage ich zu behaupten) passiert das allen,
die es nachkochen.
Ich brauche einen Schmortopf mit Deckel, rund oder
oval. Da ich ihn auf den Tisch bringen muß (der Wirsing
läßt sich nicht umfüllen), sollte er so dekorativ wie
möglich sein. Es gibt ja vom feuerfesten Glas bis zum
Steingut vieles, was ich gefahrlos in den Ofen schieben
kann. An Zutaten benötige ich:
1 kg Wirsing, 500 g Hackfleisch vom Lamm, fetter,
geräucherter Speck, 1 Semmel, ¼ l Sahne, 2 EL crème

fraîche, 2 große Schalotten, 2 Knoblauchzehen, 1 Zitrone, 1 kl. Glas Weißwein, Thymian, Pfeffer, Salz. Das hier angegebene Verhältnis 1 kg Wirsing : 500 g Fleisch läßt sich unbedenklich zugunsten des Wirsings verändern; meine Fleischportion ist reichlich bemessen.
Gehen Sie zu Ihrem Metzger, wenn er gerade nicht viel zu tun hat. Denn was Sie von ihm wollen, ist etwas ungewöhnlich. 500 Gramm Lammfleisch von der Schulter soll er Ihnen schneiden, ohne Haut und möglichst ohne Fett. Das bedeutet u. U., daß Sie die ganze Schulter brauchen; denn an einer kleinen Lammschulter ist kaum mehr dran. Dieses Fleisch soll er durchdrehen. Lammfleisch wähle ich nicht nur, weil es besser schmeckt als das langweilige Rind- oder das deftige Schweinefleisch, es gerät als Hackfleisch auch besser, wird nicht so trocken, krümelt also nicht. Als nächstes verlangen Sie von Ihrem Metzger große und dünne Scheiben von fettem Räucherspeck – um Fasane darin einzuwickeln, sagen Sie ihm. Also keine schmalen Streifen. Und einen kräftigen Rauchgeschmack muß er haben, das ist eminent wichtig! In Wirklichkeit legen Sie mit dem Speck den Schmortopf aus, aber das sagen Sie besser nicht, sonst stellt er dumme Fragen und schneidet den Speck zu dick.
1 Kilo Wirsing, das kann ein großer Kopf sein oder zwei kleine. Ich achte darauf, daß die äußeren grünen Blätter nicht verwelkt sind oder sonst einen alterschwachen Eindruck machen. Den oder die Köpfe zerlege ich in die einzelnen Blätter. Aus diesen schneide ich die dickeren Strünke heraus und blanchiere die Blätter einige Minuten in kochendem Wasser. Das hat den Zweck, sie weich und geschmeidig zu machen sowie einen eventu-

ell vorhandenen Bittergeschmack auszutreiben. Und damit sie ihre schöne Farbe behalten, werden sie nach dem Blanchieren in Eiswasser abgeschreckt. Danach werden sie getrocknet. Nicht so trocken wie Salatblätter, etwas feucht dürfen sie noch sein, aber nicht naß. Deshalb schüttele ich sie ab und lege sie zwischen Küchenhandtücher.

Nun lege ich den Boden des Schmortopfes mit Speckscheiben aus; die dürfen auch an den Seitenwänden hochgezogen werden, aber das ist nicht ausschlaggebend für das spätere Resultat. Auf den Speck lege ich sodann eine Lage Blätter, salze und pfeffere leicht, noch eine Lage, wieder würzen, und dann eine dritte Lage und eine vierte. Inzwischen habe ich das Lammfleisch präpariert: Die 2 Schalotten feinhacken und in Butter glasig werden lassen. Mit dem Weißwein ablöschen und reduzieren, bis die Flüssigkeit verkocht ist. Zusammen mit 1 eingeweichten und ausgedrückten Semmel, 1 Ei und 1 Eigelb, 2 durchgepreßten Knoblauchzehen und 1 TL Thymian mit dem Fleisch verkneten. Salzen und pfeffern. Um zu kontrollieren, ob ich richtig gewürzt habe, mache ich einen kleinen Kloß und brate ihn in Butter. Nun lege ich das Fleisch wie einen dicken Fladen auf die vier Schichten Wirsing im Schmortopf. Darauf schichte ich die restlichen Wirsingblätter (jeweils wieder einzeln gewürzt) und hoffe, daß es noch für vier, fünf oder sechs Lagen reicht – je mehr Gemüse, um so besser! Das ganze begieße ich mit dem Saft der Zitrone und decke es mit weiteren Speckscheiben ab. Deckel drauf und unten in den auf 200 Grad vorgeheizten Backofen, den ich sofort auf 150 Grad herunterschalte. Die niedrige Temperatur verhindert, daß der

Speck schmilzt und das Fleisch austrocknet. Erst nach 1 Stunde erhöhe ich die Temperatur auf knapp 200 Grad. Gleichzeitig verrühre ich die Sahne mit der crème fraîche und gieße sie über den Speck, der jetzt nicht mehr so glatt und dicht auf dem Wirsing liegt. Nach weiteren 40 Minuten (im Topf muß es nun leise brodeln) nehme ich den Deckel ab. Es versteht sich von selbst, daß ich den Schmorprozeß nicht nur diese zwei Mal kontrolliere. Obwohl ich eigentlich keinen Einfluß mehr darauf habe, wie mein Wirsingtopf gelingen wird, verzichte ich nicht darauf, ab und zu den Deckel zu lüpfen und nachzusehen, wie das da schmurgelt. Irgendwann nach dem Sahnezusatz probiere ich auch den Saft und überzeuge mich, daß er nicht zu fade ist (was ich noch korrigieren könnte). Ich rechne mit einer Garzeit von insgesamt 2 Stunden. Aber 20 Minuten mehr schaden auch nicht, solange der Ofen nicht zu heiß ist. Denn auch hier gilt die bei allen Schmorbraten so wichtige Maxime: Lieber sanft und langsam garen als Vollgas geben. Wenn ich hier das, was eigentlich Sauce sein sollte, Saft nenne, so deshalb, weil es keine Sauce im eigentlichen Sinne ist. Weder hat die Flüssigkeit die entsprechende Konsistenz, noch ist sie mit irgend etwas montiert, was bei anderen Schmorbraten ja meistens noch gemacht wird. Was hier entsteht (aus Fett vom Räucherspeck, Reste vom Eiswasser, Sahne, Zitrone, Fleisch- und Gemüsesaft), wird überhaupt nicht manipuliert, ergibt also eine letztlich simple Mischung, eben Saft. Aber von welcher Köstlichkeit! Um diese richtig zu genießen bedarf es nur noch halbmehliger Salzkartoffeln, die hier einzig passende Beilage. Nach ungefähr 2 Stunden also nehme ich den Topf aus dem Ofen. Der Speck, obwohl zusammengeschrumpft, ist immer noch existent. Ich nehme ihn ab, und es bietet sich mir ein Anblick, der mich in Hochstimmung versetzt: Das Grün der oberen Wirsingblätter ist fast noch so leuchtend wie vor zwei Stunden; vielversprechende Sahnespuren auf ihnen und der herrliche Duft lassen ahnen, was nun kommt: unwiderstehliches Eßvergnügen.

Die nicht unbeträchtliche Menge sieht aus, als reichte sie für sechs Personen. Aber aus Erfahrung weiß ich, daß vier lüsterne Esser leicht damit fertig werden; vier Feinschmecker, die es nicht erwarten können, bis ich ihnen wieder einen Wirsing-Lamm-Topf vorsetze. (Bei größeren Töpfen für 6 oder 8 Personen lege ich das Fleisch in zwei Schichten ein.)

Eine besondere Weinempfehlung kann ich zu diesem rustikalen Essen nicht geben; es paßt alles, was den Durst löscht. Ich trinke am liebsten frische, kühle Rotweine dazu, Landweine der bescheidenen Sorte. Denn – das ist der einzige Nachteil dieses leckeren Essens – ein anspruchsvoller Wein wäre hier fehl am Platze. Der einzige Mensch, der dazu einen Mouton-Rothschild trinken könnte ohne sich lächerlich zu machen, ist Baron Philippe.

Was den Pichelsteiner adelt

Was den
Pichelsteiner
adelt

*Von geradezu chinesischer
Leichtigkeit ist dieses Rezept für
Pichelsteiner Eintopf, der zudem in einer
halben Stunde, einschließlich
Vorarbeiten, auf dem Tisch steht.
Voraussetzung:
schieres Rinderfilet ohne Fett und Sehnen
und dünn geschnittenes Gemüse*

Im Küchenalltag der Deutschen spielten verständlicherweise nicht der Rehrücken und der Sauerbraten die große Rolle, sondern Eintöpfe, Eintöpfe mit wenig Fleisch, meistens vom Schwein, meistens mit viel Gemüse. Jedenfalls war das in der Küche meiner Kindheit so. Ich mochte diese zusammengekochten Gemüse nicht sonderlich gern, aber ich fand sie auch nicht so furchtbar wie manche Gerichte, bei denen grobe, halbrohe Zwiebelstücke oder fetter Speck dominierten. Als Symbol für die besseren Eintöpfe kann man den Pichelsteiner Topf nennen. Er galt als gut bürgerlich und stand auch in Gaststätten auf der Karte. Ich habe ihn – und ähnliche Eintöpfe – häufig gegessen und sie als harmlos bis langweilig eingestuft.

Daß solche Gerichte keine größere Begeisterung erwekken, lag und liegt an der Qualität des mitgekochten Fleisches, am Fett und an der Kochtechnik. Stimmt alles drei nicht, ist das Resultat eine Katastrophe. Doch haben derartige Eintöpfe früher nicht immer die Kinder verschreckt; daß sie anders, nämlich viel besser geschmeckt haben müssen, lernte ich erst durch die Lektüre alter Kochbücher. Noch um die Jahrhundertwende sahen die Rezepte für einen Pichelsteiner Topf geradezu erstaunlich aus: kein Schweinefleisch, sondern Rinderfilet wurde empfohlen, und zum Anbraten Rindermark oder Butter! Das entspricht schon unseren Erwartungen von besserer Qualität und war damals ein ungewöhnlich leichtes Essen.

In einer modernisierten Version, die sich automatisch ergibt, wenn man die alten Zöpfe abschneidet und durch eine neue, zeitgemäße Frisur ersetzt, ist es von geradezu chinesischer Leichtigkeit und zudem eine

überzeugende Antwort auf die Tiefkühl- und Mikro-
wellenküche: in einer halben Stunde, einschließlich
Vorarbeiten, steht der Topf auf dem Tisch!
Und was in diesem Topf auf die Esser wartet, ist nach
unseren derzeitigen Geschmackserwartungen so lecker,
daß ich sicher bin, dieser bunte, deutsche Eintopf wird
sehr bald auch auf den Speisekarten der feinen Gastro-
nomie auftauchen. Denn fein ist er zusätzlich, der
Pichelsteiner. Doch damit er das wird, bedarf es eines
kompromißlosen Bekenntnisses zur Qualität. Und das
heißt: Das Rinderfilet muß wirklich sehr lange abgehangen sein und darf keinerlei Fett oder Sehnen mehr
haben. Die Gemüse müssen sorgfältig und sehr dünn
geschnitten werden. Als Kartoffeln kommen nur Salat-
kartoffel in Frage, weil alle anderen Sorten die Butter
aufsaugen und sich selber zur Mehligkeit verändern.
Auch darf der Pfeffer nicht aus der Mühle kommen,
sondern muß im Mörser grob geschrotet werden. Dort,
wo noch kein Mörser in der Küche steht (aus Holz,
kostet ungefähr 25 Mark), nimmt man das Nudelholz.
Denn der pudrig-fein gemahlene Pfeffer verwandelt
jedes Gericht, in dem er intensiv verwendet wird wie
hier, in eine konfektionierte, charakterlose Angelegenheit, wohingegen geschroteter Pfeffer eher punktuell
wirkt und nur in diesem Zustand offenbart, daß er nicht
nur scharf sondern auch ein Gewürz ist.
Das wirklich zu unterscheiden und herauszuschmecken
ist vielleicht nicht so einfach. Aber wenn Sie Pfeffer aus
der Mühle nehmen und Margarine oder Schmalz statt
Butter, dann ist dieses Gericht bereits derart verfälscht,
daß mein Plädoyer für den Pichelsteiner unbegreiflich
klingen muß. Wenn aber alles nach Vorschrift gemacht

wird, hat die Deutsche Küche einen aufsehenerregenden Schmackofatz vorzuweisen! Es liegt an der unverwüstlich leckeren Kombination von Butter plus Kartoffeln und Sellerie; dazu die leicht herbe Petersilienwurzel und die süßlichen Karotten sowie das edle Filetfleisch – einfach unwiderstehlich!
Für 2 Personen brauche ich
300 g Rinderfilet und 100 g Butter, der Rest ist billig: 1 dicke Karotte, 1 mindestens tennisballgroßes Stück Sellerie, 1 Stange Lauch (das Weiße und Hellgrüne), 2 große Salatkartoffeln, 1 Lorbeerblatt, Salz und Pfeffermischung (schwarze und graue Pfefferkörner und Piment).
Alles Gemüse schälen bzw. putzen und in dünne, mundgerechte Scheiben schneiden. Achten Sie darauf, daß es nicht tropfnaß ist! Erst schälen, dann waschen und eventuell abtupfen, dann erst in Scheiben schneiden.

Das völlig magere Filet wird ebenfalls in mundgerechte Stücke geschnitten, ½ bis höchstens 1 cm dick, nicht mehr. Das ist gefährlich dünn für ein so zartes Fleisch, ich weiß. Aber wunderbarerweise hält es das Schmoren aus – sofern Sie die Zeit nicht überziehen.
Das Gemüse reagiert unterschiedlich. Am schnellsten gar werden Lauch und Sellerie, während die Karotten am längsten brauchen. Entsprechend dünn werden sie geschnitten: Die Karotten hauchdünn, wenn Sie wissen, wie dünn ein Hauch ist; dann die Kartoffeln so dünn wie 5-Pfennig-Stücke, dann doppelt so dick der Sellerie, und noch ein wenig dicker der Lauch. Diese Unterschiede sind ungeheuer wichtig! Denn weil es sich

bloß um billige Gemüse für einen Eintopf handelt, wird hier meistens mit der linken Hand gekocht. Davor kann ich nur warnen! So einfach ist ein Pichelsteiner keineswegs! Schließlich soll er nicht mehlig sein, aber trotzdem gar, er darf keine Flüssigkeit haben und dennoch nicht anbrennen. Und das verlangt höchste Sorgfalt beim Kochen, andernfalls ...

Für 2 Personen lassen sich die Gemüse noch bequem und schnell mit dem Messer schneiden, für die doppelte Menge ist ein Gemüsehobel empfehlenswert. Und zwei Pfannen zum Anbraten. Umfüllen in einen Schmortopf ist in jedem Fall geraten, weil trotz aller Vorsicht doch etwas (meistens die Kartoffeln) ansetzt. Also zunächst 100 g Butter – nicht weniger! – in Ihrer größten Pfanne heiß werden lassen. Sämtliche Gemüse und das Lorbeerblatt in die Butter geben, kräftig salzen und pfeffern. Die Hitze so regulieren, daß der Pfanneninhalt tatsächlich brät, aber nicht anbrennt. Ab und zu vorsichtig umwenden. Insgesamt 5 Minuten, dann auf dem Pfannenboden etwas Platz frei machen für die leicht gesalzenen Fleischstücke. Diese kurz angehen lassen und alles zusammen in einen gut schließenden, vorgewärmten Schmortopf umfüllen. Auf kleiner Flamme schmoren lassen, und zwar nicht länger als 10 Minuten, so daß der Pichelsteiner insgesamt nur 15 Minuten auf dem Feuer zugebracht hat. Das muß genügen, weil danach der Auflösungsprozeß einsetzt, der aus diesem klaren und eleganten Gericht eine vermatschte, klebrige Angelegenheit macht, die genau das ist, was nicht sein darf, wenn Sie meine Begeisterung für diesen feinen Eintopf teilen wollen.

Nach 15 Minuten also stellen Sie Ihren Schmortopf auf

den Tisch, den neugierigen Essern vor die Nase, und niemand wird Ihnen glauben, daß unsere Vorfahren diese Delikatesse vor über 100 Jahren genau so zubereitet haben. Ich glaub's übrigens auch nicht. Aber wer weiß ... Jedenfalls gehört der Pichelsteiner Topf zu jenen Gerichten, über die Sie hinterher sagen, daß es ja toll geschmeckt habe, aber zu wenig gewesen sei.

Den gleichen Topf nach dem gleichen Rezept können Sie mit Rehfleisch machen, und das bedeutet auch hier: mit dünnen Stücken aus dem Rehrücken! Das macht allerdings nur dort einen Sinn, wo der Hausherr selber auf die Jagd geht, und ein Rehrücken deshalb nichts Außergewöhnliches bedeutet. Soll der Topf hingegen billig sein, so läßt sich das verständlicherweise nur am Fleisch einsparen. Also kein Rinderfilet sondern ein Stück vom Schwein. Geht auch. Aber nennen Sie das Resultat dann bitte nicht Pichelsteiner! Sondern ›Gemüsetopf mit Schweinefleisch‹.

Und kein Mensch, auch ich nicht, wird bestreiten, daß ein solcher Eintopf ebenfalls sehr lecker sein kann. Nur wird er gänzlich anders zubereitet.

Hier eine Möglichkeit, die auf einem Rezept basiert, welches mir ein Leser aus Uhldingen schickte. Es ist merkwürdigerweise überhaupt nicht deftiger als der Pichelsteiner; im Gegenteil: ohne die zusätzliche crème fraîche ist es so leicht, daß ein hungriger Esser davon dreimal nimmt. Nun hat solche Gefräßigkeit in diesem Fall vielleicht auch noch einen anderen Grund: es ist die Tatsache, daß der leichte Eintopf wunderbar frisch schmeckt! Für 4 Personen brauche ich mindestens:

750 g Schweinenacken, 750 g Salatkartoffeln, 750 g Tomaten, 3 große Zwiebeln, Salz, Pfeffermischung, Zukker, Rosmarin sowie eine tiefe, verschließbare Auflaufform oder einen kleinen Schmortopf. Der Schweinenacken ist besser als andere Stücke für derartige Essen geeignet; er ist relativ mager (trotzdem schneide ich dickere Fettstreifen noch weg) und trocknet nicht aus. Ich schneide das Fleisch wie beim Pichelsteiner in ziemlich dünne, mundgerechte Stücke. Die Kartoffeln werden geschält und in 3 bis 4 mm dicke Scheiben geschnitten, die Zwiebeln nur halb so dick, die Tomaten unbedingt enthäutet (mit kochendem Wasser überbrühen und Haut abziehen) und in Scheiben geschnitten. Den Topf leicht ausbuttern, eine Lage Kartoffeln einlegen, salzen. Darauf eine Lage Fleisch, wieder salzen und leicht pfeffern. Darauf einen großen Zweig Rosmarin. Nun eine Lage Zwiebelringe und eine Lage Tomaten, wieder salzen und pfeffern und 1 Prise Zucker über die Tomaten streuen. Die Qualität der Tomaten beeinflußt

den Eintopf verständlicherweise sehr. Sind es reife Sommertomaten, tiefrot und saftig und mit kräftigem Aroma, muß die Prise Zucker stärker ausfallen; sind es große, sogenannte schnittfeste, hellrote Tomaten, was ja nichts anderes bedeutet, als daß sie weniger Säure und weniger Aroma haben, sieht die Sache anders aus. Auf die Tomaten wieder eine Lage Fleisch, salzen, pfeffern und ein weiterer Zweig Rosmarin, darauf die restlichen Zwiebeln, dann wieder Kartoffeln und obendrauf noch einmal Tomaten – salzen und pfeffern nicht vergessen! Deckel drauf und ab in den auf 250 Grad vorgeheizten Ofen, die Hitze aber nach 10 Minuten auf 150 Grad herunterschalten und 2 Stunden schmoren lassen.

Die Schwierigkeit bei diesem Rezept (kinderleichtes Kochen gibt es nicht) besteht in der Würzung. Wahrscheinlich wird jeder beim ersten Mal zu wenig salzen; Tomaten schlucken nun mal Salz wie junge Ziegen. Doch das ist bei diesem Eintopf nicht tragisch, er läßt sich noch auf dem Teller nachsalzen. Unberechenbar ist jedoch die Menge der Flüssigkeit, die sich im Topf bildet. Und die ist wiederum abhängig von der Art der Tomaten. Es kann also sein, daß Ihr Eintopf fast wie Suppe aussieht, wenn Sie nach einer Stunde neugierig den Deckel lüften. Macht aber nichts. Lassen Sie den Deckel in der letzten halben Stunde weg, und wenn es Ihnen immer noch zu suppig vorkommt, probieren Sie den dünnen Saft erst einmal, bevor Sie ihn weggießen!

Er wird sehr aromatisch und lecker schmecken!

Das einzige, was die Qualität dieses Eintopfs beeinträchtigen kann, ist das Zerkochen der Kartoffeln. Deshalb müssen es unbedingt Salatkartoffeln sein. Aber auch wenn die Gemüse und Fleischstücke in ihrem leichten und klaren Schmorsaft auf dem Teller liegen (die Rosmarinzweige habe ich vorher herausgefischt) und appetitlich duften, ist das noch nicht das fertige Gericht. So ohne Butter und ohne Sahne wirkt auch das schönste Gemüse wie eine Krankenschwester ohne Sex Appeal. Deshalb stelle ich eine Schüssel mit dicker crème fraîche auf den Tisch; davon nimmt jeder so viel er will. Es ist eine umwerfende Kombination, viel delikater, als wenn ich die crème mitgeschmort hätte! Gerade ihre Kälte und die frische Säure machen den Reiz aus. So ist zwar letzten Endes die verblüffende Leichtigkeit wieder perdu, aber dafür schmeckt dieser billige Eintopf teuflisch gut!

Was den Klops
zum
Klößchen macht

Was den Klops zum Klößchen macht

Gerichte aus Hackfleisch kann man in der deutschen Küche üblicherweise als »Bulette« bezeichnen. Dabei sind zum Beispiel Königsberger Klopse, zubereitet aus feinstem Kalbfleisch, ein Gewinn für die alltägliche Küche. Und sogar »falscher Hase« kann delikat sein

Königsberger Klopse sind zwar keine originelle, aber doch eine erfreuliche Erscheinung in der Deutschen Küche. Gleichzeitig sind sie jedoch ein deprimierendes Beispiel für den Niedergang unserer Qualitätsansprüche. Sogar in der Schmalhans-Küche meiner Kindheit war es selbstverständlich, daß Königsberger Klopse ausschließlich aus Kalbfleisch zubereitet wurden. (Meine Großmutter stammte aus Ostpreußen, und wenn ihre Verwandten zu Besuch kamen, war die Ostpreußische Küche ein beliebtes Gesprächsthema.) Aber in den unzähligen Kochbüchern, die in den letzten zwanzig Jahren geschrieben wurden, habe ich nicht ein einziges Rezept gefunden, das von diesem Umstand ausging. Stattdessen die üblichen Hackbratenmischungen; halb Rind- und halb Schweinefleisch ist die gebräuchlichste Formel. Das entspricht fatalerweise den Wiener Schnitzeln, die bei einem großen Teil der Wirte vom Schwein stammen.

Damit aber nicht genug. Die deutsche Vorliebe für Zwiebeln sorgt für weiteres Unheil: »*Zwiebeln hacken und unter das Fleisch mischen, zusammen mit den Zutaten große Klopse formen und in dem Gewürzwasser sieden lassen.*« Was die Autoren da, rülps-rülps, zusammenmischen lassen, sind Buletten, die üblicherweise in billigem Fett gebraten werden und danach tagelang auf den Theken norddeutscher Wirtshäuser herumliegen. Mit Königsberger Klopsen haben sie so wenig zu tun wie ein Fußball mit einem Golfball. Das betrifft auch die Größe. Königsberger Klopse sind, ihrer ganzen Art entsprechend, keine deftigen Fleischkugeln, sondern kleine, zarte Klößchen. Sie sind, wenn sie richtig hergestellt werden, und das heißt ausnahmsweise: auf die alte, ostpreußische Art, ein Gewinn für die deutsche Alltagsküche. (Und ein guter Test beim Kauf eines Kochbuchs. Sehen Sie unter ›Königsberger Klopse‹ nach, und Sie wissen, ob der Kauf sich lohnt.)

Für 4 Personen brauche ich:
500 g Kalbfleisch, 2 Eigelb, 2 Semmeln ohne Rinde, 20 ca. 10 cm lange Sardellenfilets, 1 TL abgeriebene Zitronenschale, Muskat, Pfeffer, Salz.

Das Fleisch muß vollkommen mager sein, am besten vom Filet oder Schnitzel, und sehr sorgfältig von allen Häuten gesäubert werden. Weil deutsche Metzger durch derartige Wünsche um ihre gute Laune gebracht werden, mache ich das selber. Sodann drehe ich das Fleisch zweimal durch die feinste Scheibe des Fleischwolfs. Die Semmeln weiche ich kurz in Milch ein, drücke sie aus und drehe sie ebenfalls durch; nur mit der Hand zerrupft, werden sie nicht fein genug. Die Sardellenfilets tupfe ich mit Küchenkrepp ab, schneide sie in sehr kleine Stücke und vermische alle Zutaten miteinander. Leicht salzen und pfeffern und mit Muskat würzen.

Für die Sauce brauche ich:
½ l kräftige, klare Kalbsbrühe, ¼ l Sahne, 100 g kleine (!) Kapern, Zitronensaft.

Die Kalbsbrühe zum Kochen bringe. Aus dem Hackfleisch Klößchen formen, kleiner als Tischtennisbälle. In die simmernde Brühe legen und 8 Minuten ziehen lassen. Herausnehmen, warmstellen. In einer tiefen, großen Pfanne oder in einem Sautoir ¼ l Kalbsbrühe zusammen mit der Sahne bis fast auf die Hälfte einkochen lassen. Die abgetropften Kapern einstreuen und mit Salz und Zitronensaft abschmecken. Kein Mehl, kein Eigelb. Da die Sauce nicht aus »Gewürzwasser« besteht sondern aus einer Kalbsbrühe, die nach dem Einkochen einem Fond schon sehr ähnelt, wird sie auch ohne die beliebten Dickmacher sämig genug.

Das alles ist nicht kompliziert. Dennoch wird sich die Begeisterung der Esser in Grenzen halten, wenn bei der Auswahl und Bearbeitung des Fleisches nicht äußerste Sorgfalt geübt wird.

Nun ist der Kalbfleischkloß ja auch in fremden Küchen nicht unbekannt. Dort wird er nur anders gewürzt und in einer anderen Sauce serviert. Drei Variationen finde ich besonders empfehlenswert (alle selbstverständlich ohne Sardellen):

mit Curry, mit Roquefort,
mit kleingehackten grünen Oliven.

Wirsingrouladen

Hackfleisch spielt in der Deutschen Küche eine überproportional große Rolle, führt jedoch kaum zu einem Ergebnis, das wir delikat nennen können. Ausnahmen sind neben den Königsberger Klopsen vor allem die Kohlrouladen. Ich sage absichtlich *die* Kohlrouladen, obwohl in der Praxis nur eine Kohlroulade existiert: mit Hackfleisch gefüllte Weißkohlblätter. Da das Hackfleisch üblicherweise aus Schwein und Rind besteht und selbstverständlich Zwiebeln enthält (rohe Zwiebeln!), der Weißkohl darüberhinaus von den gängigen Kohlsorten die undelikateste ist, läuft mir beim Anblick einer

solchen Kohlroulade keineswegs das Wasser im Mund zusammen. Ein völlig anderes Ergebnis bringt hingegen die Verwendung von Wirsing und Lammfleisch! Wirsing, dessen Delikatesse ich schon an anderer Stelle gewürdigt habe, kann zwar durch unsachgemäße Behandlung ebenfalls in ein Produkt der Plumpsküche verwandelt werden. Das ist jedoch leicht zu vermeiden, wenn die Maximen der Feinen Küche angewandt werden:
1.) blanchieren; 2.) nur mit Butter oder/und Sahne arbeiten; 3.) die beliebte Verbindung von Kohl und Gepökelten vergessen.
Wirsing blanchiert man, um einen eventuell vorhandenen Bittergeschmack zu beseitigen und um ihn für die Weiterverarbeitung geschmeidig zu machen. Dazu den Wirsingkopf in seine einzelnen Blätter zerlegen, sämtliche Strünke herausschneiden, die Blätter in sprudelnd kochendes Salzwasser legen und nach ungefähr 3 Minuten in kaltem Wasser abschrecken. Die Lammfleischfüllung wird genauso zubereitet wie andere Hackfleischfüllungen, wobei allerdings auf folgendes Detail geachtet werden muß (das gilt für alle Hackfleischgerichte): Keine Zwiebeln nehmen, sondern Schalotten! Und obwohl diese feinere Abart der Zwiebel schneller gar wird als jene, müssen die – sehr fein! – gehackten Schalotten zunächst in Butter angeschwitzt werden und zwar vorsichtig (dürfen nicht braun werden) und ziemlich lange, weil sie, gäbe man sie roh ins Fleisch, nicht richtig gar würden. Das gilt für die härtere Zwiebel noch viel mehr; deshalb sind die meisten Hackfleischgerichte auch so unbekömmlich. Also die Schalotten erst ins Fleisch einarbeiten, wenn sie schon fast gar sind!

Zusätzlich, wie sich das bei Lammfleisch gehört, wird mit Knoblauch und Thymian oder Rosmarin gewürzt. Sodann, und das halte ich bei allen Rouladen für wichtig, mache ich die Rouladen nicht so groß, daß zum Sattwerden eine genügt. Lieber drei kleine. Dadurch ergibt sich automatisch ein besseres Verhältnis von Wirsing und Fleisch; bei den üblichen Jumbos ist die Fleischmenge immer zu groß.

Ich lege einen großen Bräter oder eine Reine mit sehr dünnem, kräftig geräuchertem fetten Speck aus. Darauf die Rouladen setzen, mit Alufolie (oder Deckel) abdekken und in den nicht zu heißen Backofen schieben. Die Kochzeit richtet sich logischerweise nach der Dicke der Rouladen, ich rechne mit 1½ bis 2 Stunden. In der letzten halben Stunde wird der Deckel entfernt, reichlich dicke Sahne über die Rouladen gegossen und im oberen Drittel des Ofens fertig gegart.

Der geräucherte Speck ist nicht mit geräucherten Würsten oder Fleisch vergleichbar. Zusammen mit der Sahne bildet er eine schöne, aromatische Kombination – und wird selbstverständlich nicht mitgegessen.

Der falsche Hase

Vor allem in kinderreichen Haushaltungen ist ein anderes Hackfleischgericht sehr beliebt, der Falsche Hase. Ein Rezept, mit dem ich meine Kinder und deren Freunde oft beglückt habe, geht so:
300 g Hackfleisch vom Schwein, 200 g vom Kalb, 1 Ei, 1 eingeweichte und ausgedrückte Semmel, 1 TL scharfer Senf, 1 EL gehackte Petersilie, 3 EL kleingehackte Champignons, ½ TL getrockneter Estragon, 1 durchgepreßte Knoblauchzehe.
Zusammenmischen und zu einem brotähnlichen Stück formen. In eine gebutterte Reine legen, 1 große, geviertelte Tomate und 1 EL sehr fein gehackte Schalotten daneben legen. 2 Lorbeerblätter und mehrere Streifen Frühstücksspeck in die Oberseite der Fleischmasse eindrücken. Bei 180 Grad mindestens 1 Stunde im Ofen backen. Danach den Braten auf eine Platte legen, den Bratensatz mit Bouillon ablöschen, durch ein Sieb in eine Kasserolle umfüllen und auf dem Herd einkochen. Mit dicker Sahne verbessern, gegebenenfalls nachwürzen. Zu Kartoffelbrei oder Reis servieren.

Gefüllte Paprika

Hackfleisch spielt auch eine wichtige Rolle bei einem Gericht, das aus der Deutschen Küche nicht wegzudenken ist, obwohl es dort noch nicht lange heimisch ist: Gefüllte Paprikaschoten.
Es gehört zum festen Bestand der Kantinen, was darauf schließen läßt, daß sich die gefüllten grünen Schoten

mühelos in Konserven einsperren lassen. So leiden sie unter dem gleichen Schicksal wie die Königsberger Klopse: Weil sie überaus lieblos hergestellt und nur billigste Zutaten verwendet werden, sind sie fast zu einem Symbol für die Unkultur in unseren Altöl-Verwertungsstätten geworden. Doch das muß nicht sein. Bei Beachtung der hier immer wieder aufgestellten Forderung nach Sorgfalt und Qualität kann das Resultat – nun, kein Stolz der Feinen Küche, das wohl nicht, aber eine wohlschmeckende und sättigende Mahlzeit sein. Hinderlich ist dabei die Größe der Paprikaschoten. Die massige Fleischfüllung läßt vom ohnehin schwachen Geschmack der grünen Früchte kaum etwas übrig. Also versuche ich, möglichst kleine Schoten zu kaufen. Alles andere ist dann nur eine Frage der Sorgfalt. Die oft praktizierte Beigabe von Reis zum Hackfleisch finde ich nicht empfehlenswert, weil der Reis im Fleisch verdünnend wirkt wie Wasser im Wein. Auch separat serviert hat Reis unerwünschte Folgen. Er verwandelt das Gericht in eine matschige und wuchtige Angelegenheit. Deshalb serviere ich dazu frisches Weißbrot und sonst nichts. Geradezu abscheulich finde ich die Gewohnheit, Tomatensauce dazu zu essen. Das paßt wie Erdbeermarmelade zu Lavendelhonig. Beide süß und einzeln ganz passabel. Aber zusammen
gehört so etwas nicht.
Bei der Füllung selber können Pilze eine große Rolle spielen oder Sardellenfilets, die schon die Königsberger Klopse so vorteilhaft beeinflußt haben. Eine kunstvolle Version der gefüllten Paprika habe ich einmal in Österreich gegessen. Dort bestand die Füllung aus einem Rehragout mit Pfifferlingen. Daß man, noch weiter

südöstlich, Paprikaschoten auch mit Sauerkraut füllt, weiß ich vom Hörensagen. Das Sauerkraut wird kräftig mit Rosenpaprika gewürzt und die Schoten mit dicker saurer Sahne serviert. Klingt nicht einmal so schlecht. Wenn man berücksichtigt, daß die Schoten eigentlich nur die grüne Verpackung für den viel wichtigeren Inhalt sind, dann ist es auch möglich, sie mit einer Fischfarce zu füllen oder mit Käse. Wenn sie nur nicht so groß wären ... Aber gefüllte Paprikaschoten sind ja auch ein Essen für den großen Hunger. Oder für die Augen, die nach einer alten Redensart oft größer sind als der Magen.

Kaninchen
in
Senfsauce

Kaninchen
in
Senfsauce

Als Sonntagsbraten der
Kleingärtner wird der Stallhase
zu Unrecht belächelt.
Er ist nichts weniger als
eine Delikatesse und ein Klassiker,
wenn er in einer Senfsoße
geschmort wird

Warum gackern Kaninchen nicht? Wieso
legen sie keine Eier? Die Frage ist nicht so absurd, wie
sie klingt. Denn die Ähnlichkeit zwischen Kaninchen-
fleisch und dem Fleisch der Hühner ist nicht nur groß,
in geschmortem Zustand sind sie nur schwer zu unterscheiden. Das eine wie das andere ist weiß und mager.
Der domestizierte Hase wie der Mistkratzer ergeben
bekömmliche und leichte Speisen, die man auf mehr
verschiedene Arten zubereiten kann als anderes Fleisch.
Und die Zubereitung ist problemlos;
irgendwie gelingt es immer.
Spätestens an dieser Stelle erwarte ich Widerspruch.
Harte Keulen und trockene Rücken seien eher ein
Merkmal des Kaninchens als eine Ähnlichkeit mit dem
Huhn, höre ich jene Leser protestieren, denen vom
letzten Italienurlaub das Coniglio noch in den Zähnen
sitzt. Ja, es ist wahr, die Keulen sind nicht selten hart
und der Rücken trocken. Dafür gibt es drei Gründe:

Weil ein Kaninchen ein bürgerliches Gericht ist, also nicht gerade zur feinen Küche gehört, wird es fast ausschließlich in Gaststätten gekocht, wo die Köche sich mehr für Fußball interessieren als für die Regeln der Kochkunst. Vor allem dort, wo die Stallhasen im Ganzen gebraten oder geschmort werden, ist die Katastrophe unvermeidlich. Entweder sind die Keulen gar und weich, dann ist der Rücken bereits strohtrocken, oder der Rücken ist noch saftig, dann sind die Keulen garantiert noch hart. Deshalb wird dort, wo man etwas vom Kochen versteht, ein Kaninchen nie im Ganzen in den Ofen geschoben. Als Einzelstück kann der Rücken früher als die anderen Teile aus der Hitze genommen werden. Übrigens auch hier eine Parallele zum Huhn: die trockenen Hühnerbrüste sind ja ebenfalls nur eine Folge von unsachgemäßer Zubereitung.

Sodann spielt das Alter des Kaninchens eine wichtige Rolle. Wahrscheinlich können auch nicht mehr ganz so junge Stallhasen noch ein passables Schmorgericht abgeben. Aber von einem gewissen Alter an kriegt man sie auch mit dreistündigem Schmoren nicht mehr weich. Wie beim Wildhasen erkenne ich das Alter eines Kaninchens zunächst an der Größe, deshalb kaufe ich grundsätzlich nur kleine Kaninchen. Aber wer sagt denn, daß es nicht auch Kaninchenrassen gibt, die bereits in der Jugend die Figur von alten Rammlern haben? Ich kenne mich da nicht aus, und bevor ich dem Kaninchenzüchterverein beitrete, kann ich nur meine Methode empfehlen: lieber zwei kleine Kaninchen kaufen als ein großes.

Drittens ist da das Problem mit der Frische. Als frischgeschlachtet preisen viele Händler ihre Kaninchen und glauben, dem Kunden damit etwas Vorteilhaftes anzubieten. Das Gegenteil ist der Fall! Wie bei fast jedem Fleisch ist es wichtig, daß ein Kaninchen nicht sofort in den Topf kommt, sondern erst einmal einige Tage abhängt. In diesem Punkt unterscheidet es sich nicht von einem frischgeschlachteten Ochsen. Wenn ich ein eindeutig junges Kaninchen schmore, und es ist trotzdem hart, dann liegt das nur daran, daß ich es zu früh in den Topf tat. Was jedoch frisch sein sollte, das sind Leber und Nieren. Die Kaninchenleber ist eine ganz große Delikatesse! Sie läßt sich, in Rotwein eingelegt, gut aufheben, so daß ich sie in die fertige Sauce hinein pürieren kann (bei Rotweinsaucen), was dieser sehr zugute kommt. Aber eigentlich ist die Leber dafür viel zu schade. Ich brate sie immer in viel Butter, ganz kurz, daß sie innen noch rosa ist, salze gut, pfeffere leicht und esse sie mit Weißbrot: ein Gedicht! Die Nieren werden halbiert und genau so gebraten.

Auch ein kleines Kaninchen reicht für 4 Personen. Ich lasse es mir vom Händler in sechs Teile zerschneiden: je zwei Keulen und Läufe, Vorder- und Hinterrücken. Den Kopf darf er behalten. Ich habe zu Hause ein paar Sensibelchen, die sich vor seinem Anblick grausen. Kaufe ich das Kaninchen aber auf dem Markt, so zerteile ich es selber. (Mit dem Messer, nicht mit dem Beil, das splittert!) Auch der Händler macht das ja nicht so gründlich, wie ich es möchte. Ich muß also in jedem Fall noch Feinarbeit leisten:

Aus dem Vorderrücken schneide ich das Rückgrat heraus, so daß ich die beiden Rippenseiten einzeln habe (sie wären sonst im Topf zu sperrig). Auch die am Filetteil hängenden Bauchlappen trenne ich ab (sie schmecken besser als sie aussehen!). Das Nierenfett brauche ich

nicht, also weg damit. Dann löse ich die Filets vom
Rücken ab. Die oben beschriebene Empfindlichkeit
dieses Teils ist mir derartig lästig geworden, daß ich das
Rückenfleisch nicht mehr mitschmore. Ausgelöst und
von der ziemlich dicken Haut befreit, kommen die
beiden länglichen Fleischstücke in die Pfanne, werden
leicht angebraten, gewürzt und in Stücke geschnitten.
Nur so erreiche ich, daß sie angegart aber innen noch
rosa sind; alles andere ist zu riskant und bringt dennoch
nicht mehr Geschmack. Außerdem kann ich das Rük-
kenfleisch, also die Filets, in Öl einpinseln und sie am
nächsten Tag als kleines Gericht auf die häusliche Spei-
sekarte setzen. Geschmort werden demnach nur die
Läufe, die Keulen, die beiden Brusthälften und die
Bauchlappen. Diese Regel gilt unabhängig davon, auf
welche Art, das heißt, mit welchen Zutaten ich mein
Kaninchen schmore. Die klassische Art ist das Kaninchen in Senf. Dazu brauche ich
1 zerteiltes Kaninchen
(kleines Exemplar für 4 Personen),
¼ l Sahne,
2 große Schalotten,
1 dicke Knoblauchzehe,
1 Glas Weißwein (trocken),
scharfer Senf, getrockneter Estragon,
kräftige Hühnerbouillon,
Pfeffer, Salz.
In einer Pfanne brate ich nacheinander die Kaninchen-
teile in einer Mischung aus Öl und Butter an, und zwar
langsam und geduldig. Dabei bereits kräftig salzen. Die
angebratenen Stücke lege ich in einen passenden
Schmortopf oder Bräter und streiche sie mit Senf ein.

Das Fett aus der Bratpfanne gieße ich weg, nehme neue Butter und lasse darin die Schalotten und die Knoblauchzehe (beides feingehackt) leicht angehen und lösche mit dem Wein ab. Etwas einkochen lassen und über die Kaninchenstücke gießen. 1 TL Estragon mit dem Handballen zerreiben und zum Fleisch streuen. Frischer Estragon ist nicht unbedingt besser; davon brauche ich zunächst einen großen Stil mit den Blättern, den ich später wieder herausfische. Dann erst, also kurz vor dem Servieren, gebe ich noch
1 EL gehackte Estragonblätter dazu.
1 TL Pfeffermischung (schwarze und graue Körner) im Mörser grob zerstoßen und ebenfalls über das Fleisch streuen. Mit der Hühnerbouillon soweit auffüllen, daß die Fleischstücke zur Hälfte in der Flüssigkeit liegen.
Auf den Boden des auf 200 Grad vorgeheizten Backofens stellen.
200 Grad bedeuten, daß die Schmorflüssigkeit leicht blubbert, mehr nicht. Alle 15 Minuten wende ich die Fleischstücke. Zunächst aber probiere ich den Saft. Wie immer, wenn die Sauce abschließend mit Sahne montiert wird, muß sie jetzt eindeutig zu stark gewürzt sein, also etwas zu salzig. Auf die Wichtigkeit dieses Details kann gar nicht oft genug hingewiesen werden! Denn jetzt entscheidet sich, ob das Fleisch hinterher jenen Geschmack hat, den die Schmorbratenfreunde so schätzen, oder ob es nur so-so schmeckt. Während ich nämlich die Sauce auch noch eine Minute vor dem Servieren verbessern kann, wird das Fleisch nicht anders schmecken, als die Sauce in ihrem jetzigen Zustand.
Die Schmorzeit beträgt ungefähr 60 Minuten. Das ist

keine präzise Angabe; aber jeder, der nicht immer die gleichen Kaninchen im immer gleichen Herd zubereitet, weiß, welche Schwankungen hier möglich sind. Sogar 2 Stunden Schmorzeit sind nicht ungewöhnlich. Nun ist das nicht weiter tragisch, das fertige Essen muß ja nicht sofort auf den Tisch, sondern kann bedenkenlos warmgehalten oder wieder aufgewärmt werden. Durch meine regelmäßigen Kontrollen merke ich ja genau, ob das Fleisch nun langsam gar wird oder nicht. So kann ich auch den Zeitpunkt, an dem ich mit der Zubereitung der Beilagen beginne (Kartoffeln etc.) genau bestimmen, nämlich 20 Minuten vor der Minute X, an dem ich die Sahne in den Bräter gieße.

¼ Liter süße Sahne, das ist nicht viel für ein Schmorgericht, das 4 Personen sättigen soll. Und auch kein verbindliches Maß. Wenn ich richtig gekocht habe, dann schwimmt das Fleisch in ziemlich viel, kräftig schmeckender Sauce, die ich nicht sonderlich einkochen muß. (Das Einkochen soll ja in erster Linie nicht die Sauce eindicken, sondern ihren Geschmack intensivieren.) Also ein zwar relativ dünner aber sehr aromatischer Schmorsaft, und der braucht einfach nicht mehr als ¼ l Sahne. Ist der Schmorprozeß aber so verlaufen, daß der Saft stark eingekocht ist, möglicherweise sogar zu stark schmeckt, dann gieße ich bedenkenlos noch ein Viertel Sahne dazu. Oder crème fraiche. Voraussagen läßt sich das nie; das sieht man, hat man im Gefühl – oder man läßt das Kochen besser sein.

Auf jeden Fall aber begnüge ich mich nicht damit, die Sahne (und eventuell die crème fraiche) einfach in den Topf zu gießen. Sondern ich nehme ihn aus dem Ofen (wenn das Fleisch endgültig weich ist) und stelle ihn auf

die heiße Herdplatte. Dort kriegt die Sauce den letzten Schliff. Es kommt zwar vor, daß das nicht mehr nötig ist, aber erfahrungsgemäß läßt sich immer noch etwas verbessern. Vielleicht noch ein Teelöffel Senf, vielleicht noch etwas Pfeffer oder Estragon. Und wenn, was ja auch vorkommen kann, die Sauce trotz Sahne und crème zu salzig sein sollte, dann schneide ich eine große, enthäutete Tomate in kleine Stücke und lasse sie mit Fleisch und Sauce eine kurze Zeit kochen. Tomaten entsalzen ihre Umgebung fast so gut wie rohe Kartoffeln, nur schneller.
Dem Fleisch macht das alles nichts aus, es ist geduldig. Nun habe ich da ja noch den rohen Rücken, bzw. die Filets. Ich brate sie in Butter an, drei Minuten, länger nicht, salze und pfeffere und schneide sie in so viele Stücke, wie Esser am Tisch sitzen.
Dann kriegt jeder eines.
Was nun die Beilagen angeht, so ziehe ich Karotten allen anderen vor, in kleine Stücke (nicht Scheiben) geschnitten, in Bouillon gar gedünstet und mit Zucker glasiert: das paßt wunderbar zur Sauce und zum Fleisch! Und wegen der Karotten empfehle ich Salzkartoffeln. Obwohl Bandnudeln auch eine schöne Beilage ergeben, nur sollten Sie sich dann für ein anderes Gemüse entscheiden, für Erbsen oder Champignons, oder beides gleichzeitig.
Was schließlich den Wein angeht, den ich dazu trinke, so freue ich mich über einen weiteren Vorzug dieses Rezepts: Es paßt fast alles, außer schweren, tanninreichen Rotweinen. Also keine Chiantis, Barolos, Bordeaux und große Burgunder. Aber leichte, frische Rotweine aus dem Beaujolais, der Schweiz, und sogar solche

aus Deutschen Landen – sowie alle Weißweine (abgesehen von den lieblichen, süßen). Denn, und das ist nun der letzte aber nicht geringste Vorzug dieser bürgerlichen Delikatesse, sie macht Durst.

PS: Das Kaninchen in Senf läßt sich auch auf dem Herd zubereiten. Dann allerdings bedarf es eines gutschließenden Deckels für den Schmortopf, und die Sahne gieße ich schon von Anfang an dazu. Das abschließende Einkochen der Sauce ist dann unvermeidlich, die Kochzeit möglicherweise länger.

Gulasch,
Ragout und
Frikassee

Gulasch,
Ragout und
Frikassee

Drei Begriffe für ein Rezept:
Gewürfeltes Fleisch wird mit Gemüsen
geschmort – und entwickelt eine
herrliche Sauce.
Auf Rind und Schwein jedoch sollte man
verzichten, denn Delikates erreicht
man nur mit Kalb, Reh,
Lamm oder Huhn

Das Wort Gulasch hat es, obwohl ungarischer Abstammung, zu großer Bedeutung in der deutschen Küchensprache gebracht. In Würfel geschnittenes Fleisch, angebraten und dann gar geschmort, das war so recht nach dem Herzen unserer hungrigen Großeltern. Und da man für ein Gulasch nicht die besten Stücke vom Rind oder vom Schwein zu nehmen brauchte, kam es auch ihrer Sparsamkeit entgegen. In feineren Kreisen aß man auch Frikassee, das war Gulasch vom Kalb oder vom Huhn. Aber auch dort spielte das Mehl eine Hauptrolle. Ob in Form einer Mehlschwitze oder als dicke, weiße Sauce, ein Gulasch wurde erst durch Mehl so richtig schön. Und wenn es dann noch, wie allgemein üblich, mit Schmalz oder Margarine angebraten wurde, dann war das Sonntagsessen ein Fest wie die Schlacht im Teutoburger Wald: Das Bodenständige siegte über die feindliche Zivilisation.
Nun hat Gulasch, wie jedes geschmorte Fleisch, die wunderbare Eigenschaft, eine herrliche Sauce zu produzieren (sofern kein Mehl drin ist). Es sind nicht gerade Saucen, wie sie der Kurarzt empfiehlt. Aber die Kartoffelfreunde lieben sie ebenso wie die Weintrinker. Und deshalb kann ein Gulasch ein fröhliches Essen sein. Fröhlichkeit stellt sich allerdings nicht ein, wenn das fertige Fleisch in einzelne Fasern zerfällt, die nicht so dick aber doppelt so widerstandsfähig wie Elektrokabel sind. Das wird jedoch immer der Fall sein, wenn ich in den Metzgerladen gehe und »ein Kilo Gulaschfleisch« verlange.
Drei Fleischsorten gibt es, die sich nach deutscher Auffassung für ein Gulasch eignen: Schwein, Rind und Kalb. Diese Reihenfolge bezeichnet auch die Chance

des Mißlingens. Sie ist beim Schwein am geringsten und am größten beim Kalb. Da aber das Kalbfleisch, wie ich meine, das delikateste Gulasch hervorbringen kann, weil es die mitgeschmorten Gemüse nicht so brutal unterjocht, wie Schwein und Rind das tun, auch weil es bekömmlicher ist als jene und mehr Spielraum für Variationen läßt, folgt hier zunächst mein Rezept für ein Kalbsgulasch oder -frikassee. Natürlich hat es in dieser Form mit Deutscher Küche im traditionellen Sinn nichts zu tun; die benötigten Zutaten sind erst seit jüngster Zeit bei uns erhältlich.

Kalbsfrikassee

Kalbfleisch ist ein besonders tragisches Kapitel in der Geschichte der Küchenkatastrophen. Ein zartes Kalbskotelett gehört zu den Raritäten, an die sich ein Feinschmecker noch monatelang dankbar erinnert. Warum das so ist, weiß jeder aufgeklärte Konsument: Massenaufzucht und Rationalisierung haben es in Zusammenarbeit mit der Viehfutterchemie fertig gebracht, daß auf ein zartes Kalbskotelett 99 harte und trockene kommen. Deshalb gehe ich keinerlei Risiko ein, wenn ich ein Kalbsfrikassee vorbereite: Ich kaufe Filet, 1000 g für 4 Personen. Ferner brauche ich:
kalt geschlagenes Olivenöl, erste Pressung; 3 dicke Tomaten; 1 Karotte; 1 Stange Sellerie; 3 Knoblauchzehen; ca. 10 Schalotten; 1 Zitrone; 2 Zweige frischer Thymian; ¼ l trockener Weißwein.
Das Fleisch schneide ich in große Würfel, die später, auf dem Teller, noch einmal halbiert werden müssen. In

einer Pfanne oder im Schmortopf lasse ich das Öl heiß werden und brate das Fleisch darin an. Dabei kräftig salzen. Die Fleischstücke häufig wenden, bis sie von allen Seiten goldbraun sind. Eine Handvoll würfelig geschnittener Sellerie, die halbierte Karotte, die geschälten Schalotten, die Knoblauchzehen und den Thymian dazugeben. Alles etwas angehen lassen, dann die enthäuteten und in Würfel geschnittenen Tomaten dazu. Die Feuchtigkeit der Tomatenstücke stoppt das Anbraten zunächst; wenn sie fast verdunstet ist, den Wein angießen. Pfeffern, Deckel drauf und in den heißen Backofen stellen. Ich rechne mit einer knappen Stunde, dann ist das Fleisch gar, aber noch nicht trocken. Nach 30 Minuten Schmorzeit kontrolliere ich mein Frikassee. Also abschmecken, eventuell nachwürzen. Je nach der Menge des Schmorsaftes den Deckel jetzt weglassen und fertig schmoren; so wird aus dem Saft die Sauce. Je stärker sie einkocht, um so besser schmeckt sie. Zusätzliche Tricks sind nicht nötig und auch nicht erwünscht. Ich will ja keine dicke Sauce und auch keine Sahne. Das klare Aroma der wenigen Zutaten und mehr nicht – das macht den Charme dieses Frikassees aus. Seine Delikatesse liegt in der Einfachheit. Deshalb versage ich mir alle Experimente und belasse es,
wie es ist: es ist lecker.

Gulasch von Rind und Schwein

Beim Rindfleisch stehe ich vor dem gleichen Problem wie beim Kalb. Kaufe ich die Stücke, die vom Metzger für Gulasch vorgesehen sind, wird mir kein Meisterwerk gelingen. Andererseits muß es hier nicht gleich ein Stück vom Filet sein. Ein Rind hat auch andere Körperteile, die zart werden und zum Schmoren sogar besser geeignet sind. Aber welche das jeweils sind – Gott allein kennt die Antwort. Ich habe mich mehrfach an ein Rindergulasch gewagt und bin fast immer gescheitert. Manchmal dauerte es drei Stunden, bis das Fleisch weich war, und dann war es trocken. Nahm ich entnervt das teure Filetfleisch, ging das zwar sehr schnell, aber ich hatte keine erwähnenswerte Sauce. Es wird sicherlich gute Gründe für ein Rindergulasch geben. Zum Beispiel, weil man es fertig gekocht mit auf die Reise nehmen will, so daß man es am Zielort nur aufzuwärmen braucht (was gefahrlos gemacht werden kann).

Aber eigentlich lohnt der ganze Aufwand nicht. Ein Schweinegulasch macht derartige Schwierigkeiten nur selten. Ob mit Kümmel, Rosenpaprika, Gänseschmalz, Backpflaumen oder Sauerkraut zusammen, Schweinefleisch ist unverwüstlich. Was seine Delikatesse angeht, so wage ich kein eindeutiges Urteil abzugeben, möchte lediglich darauf hinweisen, daß es für die Köche der Feinen Küche fast nicht existiert.

Ragout von Reh und Lamm

So ließe sich das Kapitel Gulasch aus der Sicht der deutschen Kochbücher abschließen, gäbe es da nicht noch so exotische Tiere wie das Reh und das Lamm. Wie man ein Rehragout – was ja nichts anderes ist als ein Gulasch – in ein höchst delikates Festessen verwandelt, habe ich an anderer Stelle bereits ausführlich beschrie-

ben. Ein Lammragout entsteht nach denselben Prinzi-
pien, und auch hier wäre die Bezeichnung Gulasch, wie
beim Reh, ein Understatement. Voraussetzung ist natürlich wiederum die Fleischqualität. Also nicht die
sogenannten preiswerten Stücke – sie sind ihren Preis
eben nicht wert –, sondern Fleisch aus der Keule. Vom
Fett und den Häuten gesäubert, schneide ich das Fleisch
in große Würfel ... siehe oben.
Dem Fleisch beigegeben werden Rosmarin und Thymian, sowie die üblichen Schalotten und Knoblauch.
Angebraten wird mit Olivenöl und abgelöscht und
geschmort entweder mit Rotwein oder in einer kräftigen Bouillon. Weil es von der Keule stammt, wird das
Fleisch schnell gar, was allerdings davon abhängt, ob es
frisch geschlachtet oder abgehangen ist. Der Unterschied zu Rind oder Schwein ist so groß, daß ein
Lammragout auch in Feinschmeckerrestaurants auf der
Karte steht. Vor allem folgende leichte Version gereicht

jeder feinen Küche zur Ehre: Anstatt das Fleisch anzu-
braten, wird es gekocht, und zwar in einer sehr kräftigen Bouillon und dann mit ›kleinen Gemüsen‹ (tour-
nierte Karotten, Kartoffeln, Rübchen) sowie mit *hari-
cots verts* und Frühlingszwiebeln serviert.

Hühnerfrikassee mit Sherry

Mit einem Hühnerfrikassee haben sich die Köchinnen
früher große Mühe gemacht. Es gehörte zur feinen
Küche, diente meistens als Vorgericht und wurde mit
Krebsen, Kalbsbries, Morcheln, Spargelköpfen und
dergleichen angereichert; war also eine aufwendige Sache. Dann kam die Mehlschwitzen-Zeit, und schließlich der Reisrand. Damit war es mit der Delikatesse
vorbei. Ein großer Verlust, wie ich meine. Denn Hühnerfleisch gehört zum Besten, was uns zur Verfügung
steht. Es muß allerdings Fleisch von einem Huhn sein,
das auf unseren Märkten fast unbekannt ist: das körner-
gefütterte Freilandhuhn. Für mein Frikassee für
4 Personen brauche ich
ein Huhn von 1000 Gramm, 500 g Kartoffeln, 200 g
Champignons, 1 Zwiebel, 1 Karotte, 1 Stange Lauch,
1 kleines Stück Sellerie, 1 Lorbeerblatt, 200 g Sahne,
5 EL Weißwein, 3 El Sherry, 1 Handvoll Hühnerklein.
Mit einem sehr scharfen Messer löse ich die beiden
Brusthälften des Huhns aus. Sie werden enthäutet und
beiseite gestellt. Das restliche Huhn mit dem Hühnerklein und dem zerschnittenen Gemüse – außer Kartoffeln und Champignons – setze ich in kaltem Wasser auf
und bringe alles zum Kochen. Den aufsteigenden

Schaum abschöpfen, salzen und ohne Deckel 1 Stunde simmern lassen. In den letzten 10 Minuten die beiden Bruststücke dazugeben; sie brauchen zum Garwerden nicht länger. Die Brühe durch ein Haarsieb abgießen. Die Hühnerkeulen abtrennen, enthäuten, das Fleisch von den Knochen lösen und, wie auch das Brustfleisch, in kleine Würfel von 1 cm Kantenlänge zerschneiden. Inzwischen habe ich die Kartoffeln geschält und halbiert. Ich lege sie auf die Schnittfläche (damit sie nicht wegrutschen) und schneide sie ebenfalls in kleine Würfel. Dann werden sie ganz normal wie Salzkartoffeln gekocht, aber mit weniger Salz als üblich, und abgegossen. Auch die geputzten Champignons werden gewürfelt, sodann in heißer Butter angebraten. Ich würze mit Salz, Pfeffer und Zitronensaft und lasse die sich bildende Flüssigkeit bei großer Hitze verdampfen. Die durchgesiebte Hühnerbrühe entfette ich gründlich und lasse sie sprudelnd einkochen, bis kaum mehr als ¼ Liter übrig ist. Jetzt erst wird richtig gewürzt, wozu ich außer Salz (wird wahrscheinlich nicht mehr nötig sein) und Cayennepfeffer auch noch Muskatblüte nehme. Nun gieße ich den Sherry und den Wein dazu und lasse wieder einkochen. Und nun die Sahne, nicht auf einmal, sondern portionsweise, während die Bouillon weiter einkocht. Dabei zum letzten Mal abschmecken. Vielleicht noch 1 EL Sherry? Oder Zitronensaft? Meine Sauce bekommt jedenfalls eine ungeheure, aromatische Finesse! Die garen Fleisch-, Champignon- und Kartoffelwürfel hinein und ich habe es geschafft!
Wie viele andere ist auch dieses Hühnerrezept ein wunderbares Experimentierfeld für die Köchin. Wer da abschließend mutig zum Curry greift und eine win-

zige (!) Prise in die Sauce streut, oder 1 TL Pernod einrührt, eventuell mit Safran liebäugelt oder gerne frischen Ingwer raspelt – hier darf er seinen Gelüsten nachgehen. Mit Zurückhaltung, versteht sich. Beim Essen ist es dann mit der Zurückhaltung allerdings vorbei. Unwiderstehlich lecker!

Saurer Braten macht lustig

Saurer Braten macht lustig

Die schönste Eigentümlichkeit der deutschen Küche ist wohl der Sauerbraten. Wichtig ist wie immer die Qualität der Zutaten, speziell des Fleisches: Die Oberschale vom Rind ergibt das beste Stück.
Und keine Sparsamkeit beim Essig, auch nicht in der Quantität – der Sauerbraten heißt nicht umsonst so

Das Sauerkraut ist weit über die deutschen Grenzen hinaus bekannt und wird nicht nur bei uns gern gegessen. Sogar in Asien ist die Säure des Gemüses kein Grund zur Ablehnung. Unbegreiflicherweise ist hingegen der Sauerbraten eine rein innerdeutsche Angelegenheit geblieben. Ich halte ihn für eine der schönsten Eigentümlichkeiten der Deutschen Küche. Man kann der Meinung sein, daß die rheinische Version (die Originalversion?) ein bißchen zu exotisch sei mit ihren Rosinen, dem Honigkuchen und dem Apfelkraut. Das muß nicht jedermanns Sache sein. Aber auch in einer gemäßigten und entschärften Variante schmeckt ein Sauerbraten wunderbar und völlig anders als andere Schmorbraten. Ich ziehe ihn jedenfalls vielen anderen Schmorbraten vor; in meiner Kindheit gehörte er zu meinen Lieblingsspeisen und hat seitdem kaum Sympathien eingebüßt. Für die kochende Hausfrau hat er zwei zusätzliche Vorteile: er ist, wie alles marinierte Fleisch, ziemlich unverwüstlich, und er läßt sich, wie die meisten Schmorbraten, aufwärmen.

Wichtig ist (wie immer) allein die Qualität der Zutaten. Also erst einmal das Fleisch. Die Oberschale vom Rind ergibt das beste Stück, es wird schnell zart und nie grobfaserig. Sodann das Bratfett. Machen wir uns da nichts vor: Butter und Olivenöl sind einfach allen anderen Fetten weit überlegen. Und da hier das Olivenöl unlogisch wäre, wird mit Butter angebraten. Das bedingt natürlich eine große Aufmerksamkeit, damit sie nicht braun wird oder gar verbrennt; andererseits wird das Fleisch nicht so leicht braun. Aber das zählt wenig gegenüber dem Vorteil, daß hier nicht, wie sonst üblich, mit Speckfett oder Schmalz oder anderen, wenig delika-

ten Fetten gearbeitet wird. Darüberhinaus aber hat meine Version keine extravaganten Details, im Gegenteil. Die abenteuerlichen Süßmacher fehlen. Ich ersetze sie durch ein Gemüse, das eine eigene, natürliche Süße hat: Karotten. Im einzelnen sieht das Rezept so aus:
(für 4 Personen)
1000 g Rindfleisch von der Oberschale, 1000 g Karotten, 1 Stange Lauch, 3 große Zwiebeln, 1 große Tomate, 1 eigroßes Stück Sellerie, 100 g Butter, Nelken, Senfkörner, Wacholderbeeren, 2 Lorbeerblätter, schwarze, graue Pfeffer- und Pimentkörner, Weinessig (rot).
Das Fleisch wird in eine Marinade eingelegt. Dazu bringe ich Essig und Wasser im Verhältnis 3:1 zum Kochen, und zwar so viel, daß es ausreicht, das Fleisch damit zu bedecken. Mit aufgekocht werden je 1 TL zerdrückte Wacholderbeeren und Pfeffermischung, sowie die Lorbeerblätter und 12 Nelken.
Die kochende Marinade gieße ich so über das Fleisch, daß sich an allen Seiten die Poren schließen, was an der weißlichen Verfärbung zu erkennen ist. In dieser Marinade bleibt das Fleisch 4 Tage. Bei einem größeren Stück (für 6 oder mehr Personen) dürfen es ruhig 1 oder 2 Tage länger sein. Das Fleisch täglich wenden.
Zum Braten herausnehmen und abtrocknen. In einem eisernen Bräter lasse ich die Butter heiß werden und brate das Fleisch vorsichtig von allen Seiten an. Dann gebe ich sämtliche Gemüse dazu, und zwar alle kleingewürfelt, die Karotten in dünne Scheiben geschnitten. Ich salze kräftig und gieße schließlich die Marinade an. Sollte sie nicht ausreichen, ergänze ich entweder mit Rotwein oder mit Fleischbrühe. Wann Wein und wann Brühe, das läßt sich nicht vorher sagen. Das ist Gefühls-

sache, hängt von der Schärfe der Marinade ab, von der benötigten Menge und von meiner Stimmung. Kochen ist ja keine Mathematik; außerdem kommt's nicht so drauf an. Wahrscheinlich gebe ich noch einige Nelken und Wacholderbeeren hinzu. Die Nelken sollen beim fertigen Sauerbraten deutlich herauszuschmecken sein! Und damit das Besondere nicht gänzlich verschwindet, krümele ich eine Scheibe Pumpernikel in den Schmor-topf; mehr aus Pietät vor der rheinischen Tradition als mit der Überzeugung, der Pumpernikel könne viel bewirken. Schaden kann er allerdings auch nicht. Denn ein Sauerbraten ist ein deftiges Essen; nicht im Sinne von schwer verdaulich oder besonders sättigend, son-dern von deftigem Geschmack. Die Säure der Sauce verträgt klaglos eine Überdosis Gewürze. Deshalb be-zweifele ich auch, daß die traditionellen Beigaben wie Honig- oder Lebkuchen, Kardamom und ähnliche Aromen so wichtig sind. Irgendwie schmeckt die Sauce am Schluß immer sauer mit einem süßlichen Akzent. Wer da Nuancen unterscheiden will, dessen Zunge müßte schon die Sensibilität eines Schmetterlingsrüssels haben. Viel wichtiger ist die Qualität des Essigs und die ausschließliche Verwendung von Butter beim Anbra-ten. Damit wird ein Sauerbraten ohne große Schwierig-keiten das Prädikat ›lecker‹ verdienen; ein raffiniertes Essen ist er nicht. Aber der müßte ein Snob sein, dem das in diesem Fall nicht genügte.

2½ Stunden Bratzeit, bei geschlossenem Deckel im Backofen, genügen, wenn es ein 1000 Gramm-Stück von einer abgehangenen Oberschale ist, Ofentempera-tur 175 Grad. Sollten Sie aber den Überredungskünsten Ihres Metzgers erlegen sein und ein Stück von der

Unterschale oder gar ein Nackenstück im Topf haben (weil er nichts anderes hatte), dann können Sie getrost die doppelte Schmorzeit einkalkulieren – ohne ein gleich gutes Resultat zu erzielen. Mein Fleisch jedenfalls ist nach 2½ Stunden so weich, daß ich es mit dem Löffel zerteilen könnte; dennoch zerfällt es nicht und ist auch nicht grobfaserig. Ich nehme es aus dem Topf und stelle es warm. Die Karotten hätten unter Umständen noch länger schmoren müssen, um richtig weich zu garen. Das stelle ich fest, wenn ich mich dem Inhalt des Schmortopfes zuwende. Es ist viel Flüssigkeit und eine große Menge mehr oder weniger weich gewordenes Gemüse. Ich schütte alles in ein großes Spitzsieb und versuche, nicht nur den Schmorsaft sondern auch so viel wie möglich von dem Gemüse mit einer Suppenkelle durch das Sieb in einen Sautoir (oder in eine große Pfanne) zu pressen. Nun habe ich viel Flüssigkeit, wahrscheinlich 1 Liter, aber noch keine Sauce. Also stelle ich den Sautoir auf größte Hitze und lasse sprudelnd einkochen. Das kann 15 Minuten und länger dauern, und während dieser Zeit stehe ich dabei und bin mir bewußt, daß jetzt alles von mir abhängt, von meiner Geduld und von meinem Mut. Für diese 15 Minuten genaue Anweisungen zu geben, ist nicht möglich. Finesse kriegt das Ganze nur durch Intuition und ständiges Abschmecken. Zunächst einmal muß ich von der Quantität weg, das heißt, die Sauce muß auf mindestens ein Drittel reduziert werden. Dabei wird sie wunderbarerweise immer sämiger. Im übrigen ist sie sehr sauer und nicht dunkel-, sondern hellbraun. So bleibt sie auch, weil ich nun, da sie durchs Einkochen immer intensiver schmeckt, schließlich ⅛ süße Sahne zugieße

und vielleicht ebensoviel saure – das hängt vom Geschmack ab. Sicher aber gieße ich ein kleines Glas
Madeira an, das ist ja von den Rosinen nicht allzu weit
entfernt. Und vielleicht noch etwas Nelkenpulver?
Oder Pfeffer? Oder Salz? Fast alle vorausgegangenen
Versäumnisse lassen sich jetzt noch regulieren. Und so
stehe ich am Herd, rühre in der ständig dicker werden-
den Sauce, probiere zum xten Mal, gebe noch einen
Schuß Sahne hinzu und dann, wenn alles gut ist, rühre
ich einen Teelöffel Quittenmus hinein. Es kann aber
genau so gut ein Fruchtgelee sein; einmal habe ich zur
Orangenmarmelade gegriffen und siehe da,
es war gar nicht schlecht!
In eine Saucière umfüllen und mit dem Fleisch auftragen
und zusehen, wie die erwartungsvollen Esser ihre müh-
sam erworbenen Tischsitten aufgeben, um möglichst
viel von meinem Sauerbraten zu ergattern, das ist der
letzte Schritt. Ich serviere dazu Salzkartoffeln und –

Karotten. Ja, noch einmal Karotten, weil die nicht nur gut zum Mitschmoren sind, sondern auch als Beilage besser passen als alle anderen Gemüse. Sie müssen allerdings glasiert sein (müssen sie eigentlich immer: was ist schon eine Karotte, die nur in Wasser gekocht wird?) und auf einem Extrateller serviert werden. Denn alles, was auf dem Teller mit der Sauce in Berührung kommt, gibt widerstandslos seine Eigenart auf. Und das wäre bei den glasierten Karotten wirklich schade.

Pro Person brauche ich 2 Karotten. Sie werden geschält und der Länge nach geviertelt und dann in 3 cm lange Stücke geschnitten. Diese werden mit wenig Hühnerbrühe (gekörnte Brühe, warum nicht?) in einer großen Pfanne ohne Deckel weichgekocht. 1 schönes Stück Butter dazu, salzen nicht vergessen, mit Zucker bestreuen und auf sehr großer Hitze die Brühe verkochen lassen, bis die Karottenstücke von der Butter und dem geschmolzenen Zucker ein glänzendes Aussehen bekommen: sie sind glasiert. Eine wunderbare Gemüsebeilage, nicht nur ideal zum Sauerbraten, sondern auch zum Huhn ›au vinaigre‹ oder zum Kaninchen in Senfsauce.

Die schwäbische Sitte, zum Sauerbraten Nudeln zu essen, empfehle ich nicht. Die saure Sauce und die glitschigen Nudeln – mich erinnert das zu sehr an die Dosengerichte, mit denen die Bundesbahn ihre Kunden beglückt und Autobahnraststätten die Feinschmecker locken. Es ist eine typisch deutsche Variante, so wie Makkaroni mit Gulasch, also eine von der Sorte, die dem Ruf der Deutschen Küche nicht gerade förderlich ist. Und wenn in anderen Regionen zum Sauerbraten Thüringer Klöße gegessen werden, so ist mir das nur

dann verständlich, wenn die Sauce so sauer ist, daß der
Geschmack der rohen Kartoffeln darin untergeht.
Aus dem gleichen Grund ist auch Blumenkohl als Gemüsebeilage möglich. Blumenkohl*röschen,* meine ich
damit, ohne jegliche Strünke. Der Blumenkohl muß
nicht einmal auf einen Extrateller, weil es auch hier, wie
bei den Thüringer Klößen, nur zu begrüßen ist, wenn
die saure Sauce dem penetranten Kohl
Manieren beibringt.
Was schließlich den Wein betrifft, den manche Leute
auch zum Sauerbraten nicht missen mögen, so paßt
eigentlich nur ein leichtgewichtiger Weißwein, vollkommen durchgegoren, also ohne jegliche Restsüße.

Hier geht's wild zu

Hier geht's
wild zu

Rehrücken ist eine
edle Mahlzeit, die wenig Arbeit macht, aber
Fingerspitzengefühl verlangt.
Zwei Minuten zu lange im Ofen – und
schon hat man dem zarten Fleisch
den Garaus bereitet. Als Beilage gibt es
deutschen Kartoffelbrei

Der Reichtum an Wild in allen deutschen Landschaften brachte es mit sich, daß Hasen, Fasane und Rehe auch in der bürgerlichen Küche nicht unbekannt waren. Billig waren sie zwar nie, aber auch nicht unerschwinglich, und wollte man das Lieblingsessen der Deutschen steigern, so lautete die Reihenfolge wahrscheinlich: Sonntagsbraten – Weihnachtsgans – Rehrücken. Tatsächlich ist ein Rehrücken wohl das zarteste und feinste Fleisch, das uns zur Verfügung steht. Kein deutsches Kochbuch der letzten 150 Jahre, das ihm nicht die entsprechende Reverenz erwiesen hätte. Und alle Kochbücher empfehlen eine Zubereitung, die nichts mehr und nichts weniger als eine Katastrophe ist: der Rehrücken soll gespickt werden! Sogar heute wird er vielfach noch gespickt verkauft. Dabei ist Spicken nur sinnvoll, wenn es sich um ein mageres Fleisch handelt, das *sehr lange* geschmort werden soll.

Also Rinderschmorbraten u. ä.

Nun wurde früher auch ein Rehrücken lange gebraten (warum, ist mir unerfindlich), und durch langes Braten wird ein Rehrücken tatsächlich strohtrocken. Daraus zogen die Köchinnen wohl den irrigen Schluß, dieses edle Stück Fleisch sei von Natur aus trocken, und griffen zu Speck und Spicknadel. Die einmalige Zartheit eines Rehrückens geht jedoch sofort verloren, wenn er länger als 8 bis 12 Minuten brät. Jawohl: nur 8 bis 12 Minuten (je nach Größe), nicht 45 Minuten – mag das graue Resultat auch Baden-Baden heißen oder Metternich. Übrigens ist die lange Braterei kein Kennzeichen der Deutschen Küche. Auch im »Pellaprat«, dem quasi-offiziellen Buch über die französische Küche, kommt Rehrücken nur in gespickter Version vor. Als deutsch müssen wir hingegen die süßen Beigaben von Obst und Marmeladen betrachten. Ich mag das nicht; aber es muß ja nicht alles gleich schmecken. Solange das Fleisch nicht ruiniert wird, können von mir aus mit Preiselbeeren gefüllte Birnen daneben liegen. Den süßlichen Weißweinen, die an deutschen Tischen dazu getrunken werden, macht das nichts aus. Ich bin Rotweintrinker, und deshalb bleibt mein Rehrücken ungesüßt.

Übrigens ist ein Rehrücken nicht nur besonders edel, er macht auch wenig Arbeit, jedenfalls nicht an dem Tag, an dem er gegessen wird. Einen oder zwei Tage vorher stehe ich allerdings eine gute Stunde in der Küche, und auf dem Herd köchelt vier Stunden die Saucenbasis, der Fond. Und dies ist die vollständige Geschichte, in chronologischer Reihenfolge:

Ich kaufe einen ganzen Rehrücken. Je nach Größe des Tieres (die auch auf das Alter hinweist: junge Rehe sind klein und besonders zart), reicht er für 6 bis 10 Personen. Der Wildhändler verkauft aber auch halbe Rücken (für 4 Personen). Dabei ist das Sattelstück, der hintere Teil, vorzuziehen: das Fleisch ist dort dicker als am Hals. Die Arbeit ist die gleiche wie beim ganzen Rükken. Für den Fond würde ich allerdings noch zusätzliches Rehfleisch kaufen (Wildpfeffer, kann aber auch vom Hasen sein); denn während ich aus einem ganzen Rücken für 6 Portionen genug Sauce gewinne, reicht ein halber nicht für 3. Und dort, wo nach schwäbischer Sitte Spätzle als Beilage gereicht werden, die erfahrungsgemäß viel Sauce brauchen, empfiehlt sich auch bei einem ganzen Rücken, zusätzliches Fleisch zu kaufen.

Die Vorbereitungen bestehen aus dem Enthäuten und

Auslösen des Rückenfleischs, sowie dem Kochen des Fonds. Dazu brauche ich zunächst einmal ein sehr scharfes Messer. Denn der vor mir liegende Rücken hat viele Häute, einige Sehnen und noch allerlei Fleischfetzen, die niemand gern auf dem Teller hat. All das muß säuberlich weggeschnitten werden, bis links und rechts vom Rückgrat je ein makelloses, dunkelrotes Stück Fleisch zu sehen ist. Diese beiden Hälften löse ich vom Knochen, indem ich mit dem Messer am Rückgrat entlang einschneide und dann das Fleisch von den Rippen mehr schabe als schneide. Jetzt habe ich zwei sehr lange und nicht sehr dicke, vollkommen magere Fleischstücke vor mir liegen. Ich mache vier daraus, weil sie so besser zu braten sind. Auf der Unterseite der Rückenknochen befinden sich noch die beiden kleinen Filets. Sie taugen nicht viel, sind zu dünn und ziemlich sehnig. Nur wenn es sich um ein großes Reh handelt, löse ich sie aus und brate sie später zusammen (aber noch kürzer) mit dem Fleisch der Oberseite.

Indem ich das Rückenfleisch von den Rippen ablöse, wähle ich eine Zubereitungsart, die sich kaum vom Braten eines Rinderfilets unterscheidet; sie ist leicht kontrollierbar und damit narrensicher. Außerdem erspare ich mir das Tranchieren des fertigen Bratens und gewinne die Knochen zur Herstellung der Sauce. Einen Rehrücken nicht auszulösen und mit den Knochen zu braten, ist vielleicht die edlere Methode, weil das Fleisch nur an der Oberfläche mit direkter Hitze in Berührung kommt, also insgesamt noch saftiger bleibt. Doch ist dabei der genaue Zeitpunkt des Garwerdens nicht so leicht zu erkennen, und 2 Minuten zu lange im Ofen bedeuten für ein so empfindliches Fleisch manch-

mal schon den Ruin. Vor allem aber fehlen mir dabei die
Knochen für die Sauce.

Also auslösen. Die ausgelösten Fleischstücke werden
mit Öl eingepinselt und mit zerdrückten Wacholderbeeren und grob geschrotetem schwarzen Pfeffer einge-
rieben. 1 EL Beeren darf es schon sein. Die so präparier-
ten Fleischstücke in Alu-Folie einwickeln und in einem
kühlen Raum oder im Kühlschrank lagern. Ein Tag,
zwei oder gar drei Tage – das spielt keine Rolle. Auch
eine ganze Woche erträgt das Fleisch ohne Qualitätsein-
buße, dann allerdings sollte es völlig von Öl
bedeckt sein.

Nun zur Sauce. Alle Knochen und sämtliche Haut- und
Fleischabfälle werden sehr klein gehackt bzw. geschnitten. Da die Abfälle eines Rückens nicht in eine normale
Pfanne passen, brate ich sie in einem Bräter oder in einer
Reine an, und zwar nicht auf dem Herd, sondern im
Ofen. Das dauert zwar ein bißchen länger, aber so
werden sämtliche Stücke und Fetzen gleichmäßig
braun. Immer wieder umschichten, damit nichts anbrennt; angebrannte Knochen machen die Sauce bitter.

Währenddessen zerschneide ich folgende
Gemüse in Würfel:
1 Karotte,
1 große Zwiebel mit der Schale,
1 Stange Lauch,
1 Stück Sellerie, so groß wie ein Tischtennisball;
dazu gebe ich
1 Handvoll Schinkenreste oder mageren Räucherspeck,
2 Lorbeerblätter,
1 Prise Thymian,
1 zerdrückte Zehen Knoblauch,

je 1 TL weiße Pfefferkörner und Wacholderbeeren,
1 Petersilienwurzel.
Wenn die Knochen schön braun sind, gebe ich diese
Gemüse und 1 EL Tomatenmark dazu. Anschwitzen
lassen und mit 1 großen Glas Rotwein ablöschen, einkochen lassen und mit Wasser auffüllen, bis alles bedeckt ist. Nun lasse ich den Bräter 4 Stunden leise
kochen, im Ofen oder auf dem Herd, das ist egal. Von
Zeit zu Zeit ersetze ich die verkochte Flüssigkeit
durch Rotwein.
Nach 4 Stunden gieße ich den Inhalt des Topfes durch
ein großes Haarsieb in eine Kasserolle und lasse ihn auf
lebhaftem Feuer solange einkochen, bis nur noch höchstens ½ Liter übrig ist. Das ist die Saucenbasis, der
Fond. Ihn stelle ich kalt, so daß sich das Fett oben wie
ein harter Deckel absetzt. Den nehme ich erst ab, wenn
ich den Fond zur Sauce veredele. Der Fond sollte
steif wie Pudding sein.
Nach diesem Prinzip werden alle Wildsaucen hergestellt, ob die Knochen vom Reh stammen, vom Hirsch
oder Hasen, ist dabei nebensächlich.
Am Tag des Essens lege ich zunächst die beiden, bzw.
vier Fleischstücke in die Küche, damit sie Zimmertem-
peratur annehmen. Denn bei ihrer kurzen Bratzeit würden sie im Innersten nicht einmal warm werden, wenn
sie eiskalt in den Ofen kämen. Diesen heize ich auf 200
Grad vor. In einer Reine oder ähnlichen Bratform, die
nicht größer sein sollte, als es nötig ist, damit das Fleisch
nebeneinander liegen kann, lasse ich 100 Gramm salzige
Butter heiß werden. Die Temperatur muß so beschaffen
sein, daß die Butter zwar sehr heiß wird, aber nicht
braun oder gar verbrennt. (In diesem Fall weggießen

und neue Butter nehmen!) In diese Butter lege ich die Rückenstücke.

Bereits nach zwei Minuten drehe ich sie herum, salze sehr vorsichtig und wende sie abermals nach weiteren 2 Minuten, diesmal ohne zu salzen. Wild, vor allem wenn es sich wie hier um die feinsten und zartesten Stücke handelt, braucht relativ wenig Salz. Schließlich sorgen ja auch die Wacholderbeeren und der Pfeffer für Geschmack. In dieser Zeit lasse ich den bratenden Rücken nicht aus den Augen. Die Butter darf nicht verbrennen, das Fleisch nicht richtig braun werden. Nach der von mir geschätzten Zeit prüfe ich mit dem Finger, wie weit der Rücken ist. Das Fleisch muß auf Fingerdruck gut nachgeben. Tut es das nicht, ist es schon stramm oder gar fest, habe ich den richtigen Zeitpunkt bereits verpaßt. Ist es noch so weich wie gekochte Pilze, ist es innen noch zu roh.

Die fertigen Fleischstücke wickele ich in Alu-Folie ein. Das hält sie warm, gleichzeitig können sich die Fasern entspannen. Fast 10 Minuten sollten sie so auf der offenen Ofentür ruhen, damit der Saft beim Anschneiden nicht auf den Teller läuft.

Inzwischen steht mein Fond bereits auf dem Herd und wird zur Sauce. Dazu habe ich 1 TL Senf eingerührt, 1 kleines Glas Madeira, vielleicht auch 1 EL Weinessig, ich habe gepfeffert (aus der Mühle) und gesalzen und wieder abgeschmeckt. Eine gelungene Sauce entsteht nicht durch genaues Abmessen der Zutaten, sondern ist das Resultat ständigen Abschmeckens! Wenn sie die ideale Konsistenz hat, ähnelt sie einem Sirup. Perfektionisten haben sich rückversichert und einen dick eingekochten Fond in der Tiefkühltruhe, davon opfern sie

jetzt noch drei, vier EL. Wenn ich auf   diese
Art ohne Butter auskomme, ist das zu begrüßen. Sollte es
der Sauce aber an Volumen fehlen, dann nehme ich eiskalte Butterstückchen und schlage sie nacheinander mit
dem Schneebesen hinein. Nochmaliges Abschmecken ist
selbstverständlich. Wie immer verlangt die Sauce mehr
Aufmerksamkeit als das Fleisch. Dieses ist zwar sorgfältig, aber ohne viel Brimborium gebraten worden, und
so unterscheidet sich mein Rehrücken nicht von den
Rehrücken anderer Küchen. Was typisch deutsch wäre
an diesem Gericht, das habe ich vermieden: die mulmi-
gen Sahnesaucen, denen man nicht anmerkt, ob sie vom
Reh stammen oder vom Rind oder aus der Tüte. Meine
Sauce ist eindeutig, aber nicht exotisch.
Was die Beilagen angeht, so ist gegen den deutschen
Kartoffelbrei nichts einzuwenden; auch die schwäbi-

schen Nudeln passen besser als die unsäglichen Kroket-
ten oder die dümmlichen Schloßkartoffeln. Mir genügt
ein Selleriepüree; den Hunger stille ich mit einem
roten Bordeaux.

Rote Grütze,
süßer Quark

Rote Grütze,
süßer Quark

Nicht jede Beere ist süß;
damit aber auch säuerliches Obst den
Kindern schmeckt,
wurde die Rote Grütze erfunden.
Der Quark wiederum
heißt Käse, wenn er im Kuchen sitzt.
Beide sind typisch deutsche
Desserts

An schönen Süßspeisen mangelt es in der Deutschen Küche nicht, und das ist kein Wunder: Lieber backt eine deutsche Hausfrau zehn Torten, als daß sie eine Seezunge briete. Die Erfinder unserer Weihnachtsplätzchen verdienen einen Ehrendoktor, und es ist kein übertriebener Nationalstolz, wenn wir feststellen, daß der berühmte amerikanische *Cheese Cake* hier schon gebacken wurde, als sie drüben noch die Nuggets mit den bloßen Händen geschürft haben. Vor diesem Hintergrund ist es etwas seltsam, daß die beliebtesten Desserts der Deutschen Küche Obstsalate sind, Quarkspeisen und Rote Grütze. Die Gemeinsamkeit der drei süßen Renner ist die unbedenklich wahrgenommene Möglichkeit, sie fertig zubereitet im Supermarkt kaufen zu können. Wenn außerdem noch zu konstatieren ist, daß süße Crèmes und Ähnliches immer mit Gelatine zubereitet werden, dann bietet sich trotz der zunächst großen Vielfalt bei den Süßspeisen ein ähnliches Bild wie bei Fisch, Fleisch und Gemüse: die Chance zur Verfeinerung wird kaum genutzt.

Rote Grütze

Sogar in Feinschmeckerrestaurants, deren Gäste es gewohnt sind, französisch geschriebene Speisekarten zu lesen, wird Rote Grütze (sofern sie dort zu haben ist) häufiger bestellt als andere Desserts. Das liegt natürlich auch daran, daß sie bei den feinen Adressen Seltenheitswert hat, und erweckt beim Gast die Hoffnung, Rote Grütze endlich einmal nicht mit Sago oder sonst einem klebrig-dicken Seim vorgesetzt zu kriegen. Denn dieser Hausfrauenstolz wird sicherlich nicht nur in einem modernen Kochbuch aus viel Mondamin und Obstsaft zu einem puddingsteifen Geleebrocken gekocht und mit Yogurt übergossen.

Allerdings ist Rote Grütze auch in einer natürlicheren Form nicht gerade ein Kunstwerk der Patisserie, sondern nichts anderes als ein Obstkompott, das nach den Gesetzen der Vernunft entweder aus Rharbarber und Erdbeeren oder Johannisbeeren und Pfirsichen besteht. Denn Rharbarber und Johannisbeeren sind das einzige Obst, das für sich allein nicht so gut schmeckt wie in Gesellschaft anderer Früchte. Bei allen anderen Beeren wäre es eine Schande, würde man ihnen den Charakter nehmen, indem man sie wie eine Vierfruchtmarmelade verkochte. Und Erdbeeren müssen es zwangsläufig sein, weil gleichzeitig mit dem Rharbarber kein anderes Obst reif wird; während Pfirsiche einfach besser zu Johannisbeeren passen als anderes Obst.

Hier mein Grundrezept:

375 g Rharbarber, 750 g Erdbeeren, 150 g Zucker, die abgeriebene Schale einer Zitrone, 1 Vanilleschote, ½ TL frisch geriebener Ingwer, ⅛ l Weißwein, 20 g Speisestärke.

Rhabarber schälen und in Stücke schneiden, mit den Zutaten im Wein kochen lassen, bis er ¾ gar ist. Dann die halbierten oder geviertelten Erdbeeren dazugeben, weiterkochen. Die Stärke in 3 EL Wein glatt rühren und zu den leicht kochenden Früchten geben. In eine Glasschüssel umfüllen. Mit Vanillesauce servieren.

Gartenfrischer, dünner Rharbarber wird manchmal sehr schnell gar, und dann besteht die Gefahr, daß er verkocht, bevor die Erdbeeren gar sind. Voraussehen läßt sich das nicht.

Ob Rote Grütze lauwarm oder kalt serviert wird, ist Geschmackssache. Ich mag sie gern lauwarm, die Vanillesauce jedoch gut gekühlt. Zur Vanille ist zu sagen, daß die fast schwarze, feuchte Bourbon-Vanille die beste ist. Die Stange wird der Länge nach halbiert und aus der fertigen Grütze herausgefischt. Nach dem gleichen Prinzip koche ich auch die Johannisbeeren/Pfirsich-Grütze, hier allerdings beide Früchte gleichzeitig, und die Hälfte der Beeren zerdrücke ich vorher mit einer Gabel.

Vanillesauce

200 g Sahne, 200 g Milch, 60 g Zucker,
3 Eigelb, 1 Stange Vanille.

Sahne, Milch, Zucker und die halbierte Vanillestange aufkochen. Vom Feuer nehmen und abkühlen lassen. Die verquirlten Eigelb zugeben. Unter ständigem Rühren wieder erhitzen, bis eine cremige Bindung entsteht. Die Vanille herausfischen. Erkalten lassen. Beim Wiedererhitzen kann es passieren, daß das Eigelb am Topfrand stockt, oder daß Eiweißreste dabei sind, welche kleine Klümpchen bilden. Das ist nicht tragisch; ich passiere die Sauce durch ein Haarsieb, und sie ist wieder glatt.

Der süße Quark

Im Quarkverbrauch sind wir Bundesbürger Weltspitze. Ob die bei uns so beliebten Quarktorten und -kuchen dafür verantwortlich sind, weiß ich nicht. Ich könnte es jedoch verstehen; denn ich bekenne, daß ich Käsekuchen lieber esse als die meisten der aufwendigen Schoko-Sahne-Butter-Bomben. Denn daß Torten Kalorienbomben sind, ist eine beklagenswerte Tatsache, die nur für die glücklichen Kunden des Konditors Ratzka in Salzburg keine Bedeutung hat. Auch eine Quarktorte ist keine Diät. Bei einer Abart kann ich jedoch nicht widerstehen. Es handelt sich um eine eher ländlich-deftige Version eines Käsekuchens (im Gegensatz zu den städtisch-luftigen Käse-Sahne-Torten). Doch da er ein sehr flacher Kuchen ist, nämlich nicht höher als 3 cm, macht er einen harmlosen Eindruck und ist, in schmale Stücke geschnitten, ein wunderbares Dessert.

Hier das Rezept:
a) Mürbeteig:
250 g Mehl, 180 g Butter,
2 EL Puderzucker, 1 Eigelb, 2 EL Wasser,
1 Prise Salz.

Die Zutaten mit den Fingern schnell zu einem Teig verreiben, eine Kugel kneten und 1 Stunde im Kühlschrank ruhen lassen. Dann sehr dünn ausrollen und eine flache Tortenform damit auslegen. Den Teig am geriffelten Rand der Form gut andrücken, überhängenden Teig wegschneiden. Den Boden mit einer Gabel einige Male einstechen und im 200 Grad heißen Ofen 8 Minuten vorbacken.

b) die Quarkmasse:

500 g Schichtkässe mit dem Rührgerät glattrühren. Schichtkäse ist für Quarktorten u. ä. nach meiner Erfahrung besser geeignet als angemachter Quark, weil er trockener ist, oder aus sonst einem Grund, den mir die Chemiker der Nahrungsmittelindustrie wahrscheinlich genau erklären könnten, was mir aber möglicherweise den Appetit auf fertig gerührten und abgepackten Quark, den ich bei anderen Gelegenheiten durchaus esse, verleiden würde; deshalb frage ich nicht.

In den glatten Schichtkäse 210 g Zucker, 2 EL Zitronensaft, 150 g crème fraîche, 1 EL Speisestärke einrühren und dann 3 ganze Eier und 1 Eigelb. Auf den vorgebakkenen Teigboden streichen, so daß die Gesamthöhe nicht mehr als 3 cm beträgt und auf dem Boden des Backofens bei 180 Grad 45 Minuten backen.

Die Ofentemperatur richtet sich nach dem jeweiligen Herd. Der Kuchen sollte nach 45 Minuten oben und unten hellbraun sein, nicht hellgelb und auch nicht verbrennen. Dieser Quarkkuchen muß nicht unbedingt kalt werden, lauwarm schmeckt er auch. Und die Lekkermäuler, die glauben, einige Tropfen Kirschwasser könnten der Quarkmasse nicht schaden, können begründeten Widerspruch nur von Antialkoholikern erwarten.

Quark-Soufflé

Leichter und delikater als alle Käsekuchen und -torten ist ein süßes Quarksoufflé. Es handelt sich dabei um nichts anderes als um die Füllmasse einer Quarktorte, die ich eingangs als ›städtisch-luftig‹ bezeichnet habe. Allerdings ist sie immer noch kräftiger im Geschmack als das, was bei vielen Konditoren wie ein Produkt der Parfümindustrie schmeckt. Die Masse wird in möglichst kleine, portionsgroße, ausgebutterte Charlotteformen gefüllt und im sehr heißen Ofen im oberen Drittel überbacken. Wegen des Eiweißes geht die ganze Geschichte ein wenig auf, aber nicht viel, dazu ist der Quark zu schwer. Andererseits kann das Soufflé auch nicht so furchtbar zusammenfallen, wie das bei reinen Eierschnee-Soufflées so oft passiert. Wenn es an der Oberfläche braun wird, rausnehmen und sofort servieren! Mit Puderzucker bestreuen.

Die Zutaten für 4 bis 6 Personen: 700 g Schichtkäse, 200 g Zucker, 4 Eigelb, 3 EL crême fraîche, Saft 1 Zitrone, 1 EL Stärkemehl, 1 Prise Salz mit dem Mixstab

verrühren, bis alles aufgelöst ist. Dann das steifgeschla-
gene Eiweiß der 4 Eier unterheben und in
die Form füllen ...

Kaiserstühler Karamel-Parfait

Parfaits sind nicht typisch für eine bestimmte Küche.
Die Internationale der Freunde süßer Sachen ist sich
jedoch einig, daß sie zu den schönsten Süßspeisen der
Welt gehören. Allerdings haben sie zwei Nachteile:
Weil sie so unwahrscheinlich lecker sind, ißt jeder
mehr, als er eigentlich wollte. Der zweite Nachteil: Im
Gegensatz zu vielen anderen Desserts paßt zu einem
Parfait kein Wein, mag er auch noch so süß sein. Dafür
sind sie einfach herzustellen und können ein oder zwei
Tage im voraus gemacht werden.
Zutaten für den Karamel (6 Personen):
200 g Zucker, ¼ l Wasser.
Für die Crème:
4 Eigelb, 75 g Zucker, 8 EL Milch, ½ l Sahne.

Die 200 g Zucker mit dem Wasser aufsetzen, verrühren
und solange köcheln lassen, bis die Masse dickflüssig
und goldbraun geworden ist. Abkühlen.
Das Eigelb und die 75 g Zucker glattrühren und mit der
Milch aufgießen. Im Wasserbad unter ständigem Rühren mit dem Schneebesen so weit erhitzen, bis eine
schaumig-cremige Masse (Sabayon) entsteht. Auf keinen Fall kochen oder zu schnell erhitzen, weil dadurch
das Eigelb stocken würde. Die Masse in einen Topf mit
Eiswasser stellen und, weiter rührend, abkühlen lassen.

Den Karamel und die Sabayon vermischen und die steif
geschlagene Sahne unterziehen.
Wird (was wahrscheinlich ist) das Parfait auf einen Sitz
vertilgt, fülle ich die Masse in eine Puddingform und
stelle sie über Nacht ins Eisfach des Kühlschranks; will
ich davon etwas aufheben, nehme ich dafür eine ovale
Terrinenform mit Deckel. Je nachdem, wie hart das
Parfait am nächsten Tag gefroren ist, lasse ich es einige
Stunden unten im Kühlschrank langsam antauen.
Das Parfait in der Puddingform stürze ich auf eine
Porzellanplatte, wozu ich die Form vorher kurz in
heißes Wasser halte, so daß das Parfait an der
Außenfläche leicht schmilzt.
Den Beinamen ›Kaiserstühler‹ hat das Karamel-Parfait
dann, wenn ich es mit einer Handvoll heller Rosinen
anreichere, welche ich vorher in Marc de Gewurztrami-
ner eingelegt habe. Das ist ein Gewürztraminer-Trester, der im Kaiserstuhl in sehr kleinen Mangen produ-
ziert wird, weshalb er im allgemeinen nur als elsässi-
sches (aber ebenso gutes) Produkt zu haben ist. Aber ob
mit oder ohne Rosinen: es schmeckt sündhaft gut!

Mahlberger Schloßkuchen

Ein Napfkuchen, der allen anderen Napfkuchen den
Garaus macht, das ist der, ist mein »Mahlberger Schloßkuchen.« Gewiß sieht er aus wie ein normaler Napf-
oder Rodonkuchen. Aber normal ist er nicht; er ist
frisiert, wie das bei Autos heißt. Und abgesehen von der
besseren Leistung (in diesem Fall: Volumen, Ge-

schmack) hat er den Vorteil, daß ich ihn mehrere Tage vorher backen muß.

Die Zutaten werden in folgender Reihenfolge verarbeitet bzw. untergerührt:

400 g Butter; 200 g Zucker; 6 ganze Eier; 1 abgeriebene Zitronenschale; 1 Päckchen Vanillezucker; 1 Prise Salz; 200 g eingeweichte und abgetrocknete Rosinen; 100 g gewürfeltes Orangeat; 100 gewürfeltes Citronat; 75 g grob gehackte Walnußkerne; 400 g Mehl mit 1 gehäuften TL Backpulver; 100 g in kleine Würfel zerbrochene feine Milchschokolade.

Eine Napfform gut ausbuttern, Boden und Seiten mit 2 EL gehobelten Mandeln bestreuen. Den Teig einfüllen. In der unteren Hälfte des Ofens bei 175–180 Grad 90 Minuten backen. Der Kuchen soll gelb, nicht braun werden. Daß dieses Kraftpaket 3 Tage ruhen muß, damit alle Ingredienzen gut durchziehen, dürfte klar sein. Daß man davon, obwohl er toll schmeckt, nur ein Stück ißt, verlangt die Vernunft. Daß er schließlich jedes kunstvolle Dessert ersetzt und spielend mit dem Weihnachtsstollen vom stadtbesten Konditor konkurrieren kann, das wissen Sie, wenn Ihnen der erste Brocken auf der Zunge zergeht.

Register

Gewürztraminer-Trester 126
Glasierte Karotten 84, 104
Gratinierter Rosenkohl 30
Gruyère 27
Gulasch 89 ff.

Hackfleisch 53, 69
Hecht 43 ff.
Hecht blau 48 f.
Hechtfilets, gebraten 46 ff.
Hecht-Ragout 44 ff.
Hühnerfrikassee 94 ff.
Hühnersuppe mit Morcheln 14 ff.

Käsekuchen 122
Kalbsfrikassee 90 f.
Kaninchen 78 ff.
Kaninchen in Senf 81 ff.
Kaninchenleber 80
Kapernbutter 33, 36 f.
Karamel-Parfait 125 f.
Karotten, glasierte 84, 104
Königsberger Klopse 69 ff.
Kohlrouladen 71
Kräuterbündel 15

Lachse 36
Lammfleisch, gehacktes 53, 72 f.
Lammragout 93 f.

Madeira 103
Mahlberger Schloßkuchen 126 f.

HEYNE KOCHBÜCHER

*Internationale
Meisterköche
im
Wilhelm Heyne
Verlag*

GASTON
LENÔTRE
*Feste und Partys
à la Lenôtre*

MEINE PARTY-REZEPTE

07/4463

Agnes
Ambergs
Kochbuch

*180 ihrer
besten Rezepte*

Internationale Kreationen
der Zürcher
Meisterköchin
MIT 40 FARBFOTOS VON REINHART WOLF

07/4566

WOLFRAM
SIEBECK
*Eine Prise
Süden*
Ein
Kochseminar
der mediterranen Küche

07/4585

PAUL
BOCUSE
Die Neue Küche

Die Rezepte
des Königs der Köche

07/4277

PAUL & JEAN-PIERRE
HAEBERLIN
Meisterküche
im Elsaß

DIE AUBERGE
DE L'ILL

07/4413

ECKART
WITZIGMANN
Meisterwerke
aus der
Drei-Sterne-Küche

Meine Tantris-Rezepte

07/4460

Ursula Fabian

Rudolf
Katzenbergers
Feine deutsche Küche

Menüs und Rezepte
vom Adlerwirt in Rastatt

07/4579

HEINZ
WINKLER
Drei-Sterne-Küche
für zu Hause

MEISTERWERKE AUS DER
EIGENEN KÜCHE

07/4556

HEYNE
GETRÄNKEBÜCHER

Bücher
für Genießer, die
wissen, daß es
wichtigeres gibt,
als nur den Durst
zu löschen

07/4572

07/4405

07/4452

07/4484

07/4432

07/4436

07/4365

07/4398

HEYNE KOCHBÜCHER

Die größte Kochbuch-Spezial-sammlung! Praktisch, handlich, preiswert

07/4500

07/4563

07/4578

07/4573

07/4570

07/4510

07/4577

07/4567